Kısaltılmış İş Çocuk Klasikleri

Seksen Günde Dünya Turu

Jules Verne

JULES VERNE
SEKSEN GÜNDE DÜNYA TURU

ÖZGÜN ADI
LE TOUR DU MONDE

ORİJİNAL FRANSIZCA METİNDEN
GENÇ OKURLAR İÇİN UYARLANMIŞTIR

© TÜRKİYE İŞ BANKASI KÜLTÜR YAYINLARI, 2017
Sertifika No: 29619

UYARLAYAN
YONCA DALAR

RESİMLEYEN
GÖKÇE AKGÜL

EDİTÖR
NEVİN AVAN ÖZDEMİR

GÖRSEL YÖNETMEN
BİROL BAYRAM

1. BASIM: NİSAN 2017
Genel Yayın Numarası: 3770

ISBN 978-605-332-998-5

Bu kitabın tüm yayın hakları saklıdır.
Tanıtım amacıyla, kaynak göstermek şartıyla yapılacak kısa alıntılar dışında gerek metin, gerek görsel malzeme yayınevinden izin alınmadan hiçbir yolla çoğaltılamaz, yayınlanamaz ve dağıtılamaz.

BASKI
AYHAN MATBAASI
MAHMUTBEY MAH. DEVEKALDIRIMI CAD. GELİNCİK SOK. NO: 6 KAT: 3
BAĞCILAR İSTANBUL
(0212) 445 32 38
Sertifika No: 22749

TÜRKİYE İŞ BANKASI KÜLTÜR YAYINLARI
İSTİKLAL CADDESİ, MEŞELİK SOKAK NO: 2/4 BEYOĞLU 34433 İSTANBUL
Tel. (0212) 252 39 91
Faks (0212) 252 39 95
www.iskultur.com.tr

Kısaltılmış İş Çocuk Klasikleri

Seksen Günde Dünya Turu

Jules Verne

Uyarlayan
Yonca Dalar

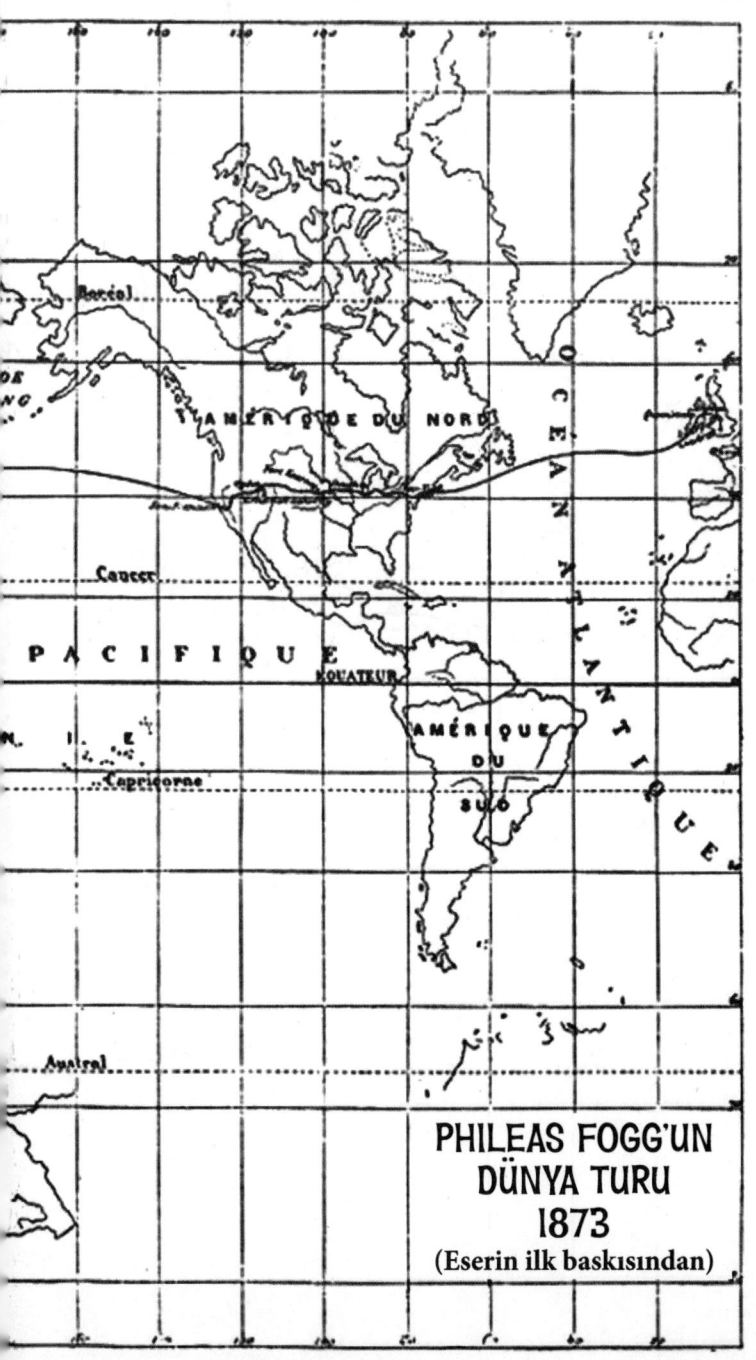

PHILEAS FOGG'UN
DÜNYA TURU
1873
(Eserin ilk baskısından)

I

PASSEPARTOUT YENİ EFENDİSİ PHILEAS FOGG'UN HİZMETİNE GİRİYOR

1872 yılında, Burlington Gardens, Saville-row Sokağı 7 numarada, Londra Reform Kulübü'nün en tuhaf ve ilgi çekici üyelerinden biri olan Phileas Fogg oturuyordu. İngiliz sosyetesinin en yakışıklı ve kibar beylerinden biri olan bu bıyıklı ve favorili, genç görünüşlü adam, pek gizemliydi. Hakkında kimse doğru dürüst bir şey bilmiyordu.

İngiliz olduğu kesindi de Londralı olduğu su götürürdü. Kazancını nereden sağladığı belirsizdi. Ne borsacıydı ne de bankacı. Gemisi filan yoktu. Tüccar, fabrikatör, avukat, çiftçi değildi. Sanat veya bilim derneklerinde onu gören yoktu.

Hakkında bilinen tek şey, Reform Kulübü üyesi oluşuydu; o kadar.

Böyle nereden geldiği belirsiz bir kişinin bu saygın kuruma üye olabilmesi size şaşırtıcı gelebilir. İşin aslı, açık krediye sahip olduğu Baring Kardeşler'in önerisi üzerine kabul edilmişti bu kulübe. Bu bankada sürekli bir hesabı vardı ve bütün çekleri düzenli olarak ödeniyordu.

Zengin miydi? Tartışmasız evet. Ama bu servetin nereden geldiğini bilen yoktu. Sorup öğrenebileceğiniz son kişi de Phileas Fogg'un kendisiydi, çünkü zaten çok az konuşurdu ve bu sessizlik, gizemini daha da artırıyordu.

Çok gezmiş miydi? Herhâlde, çünkü dünya haritasını ondan iyi bilen bulunmazdı. Bu konuda engin bir bilgiye sahipti ve yanıldığı hiç görülmemişti. Dünyanın dört bir yanını –en azından hayalinde– dolaşmış gibiydi.

İşin ilginç tarafı, Phileas Fogg yıllardır Londra'dan hiç ayrılmamıştı. Evden kulübe, kulüpten eve gider; zamanını gazete okuyarak ve "vist" denilen bir kâğıt oyunu oynayarak geçirirdi. Zevk için oynar, sık sık kazanır, kazandığını da yoksullara dağıtırdı.

Phileas Fogg'un karısı, çoluk çocuğu, akrabası yoktu. Yalnız başına oturduğu evine, uşağı dışında kimsecikler girip çıkmazdı. Öğle ve akşam yemeklerini kulüpte, hep aynı salonda ve aynı masada, dakikası dakikasına aynı saatte yerdi. Tam gece yarısı evine dönerdi. Günün on saatini evinde, uyuma, banyo ve giyinme gibi gündelik işlerle geçirirdi. Sonra kulübe gider, şık masalarda, şık tabaklar içinde, şık garsonlar tarafından sunulan leziz yemekler yerdi.

Bu şartlarda yaşamak antikalıksa, şu antikalık kıyak işti doğrusu!

Saville-row Sokağı'ndaki ev şatafatlı değildi ama çok konforluydu. Phileas Fogg'un hiç değişmeyen alışkanlıkları yapılacak hizmeti hafifletiyordu, ama Bay Fogg, çalıştırdığı tek uşaktan olağanüstü bir dakiklik ve düzenlilik beklerdi. O '2 Ekim' günü eski uşağını işten çıkarma nedeni de, tıraş suyunu otuz derece yerine yirmi dokuz derece sıcaklıkta getirmiş olmasıydı.

Phileas Fogg, koltuğuna dimdik oturmuş, bacaklarını geçit törenindeki askerler gibi birleştirmiş, elleri dizlerinde, gözü duvar saatinin akrebinde, saat on birle on bir buçuk arasında gelmesi gereken yeni uşağı beklemekteydi. Her günkü alışkanlığı üzere, tam on bir buçukta evden çıkıp Reform Kulübü'ne gitmesi gerekiyordu.

Bu sırada salonun kapısı tıklatıldı ve işten çıkarılan uşak, yeni uşağın geldiğini bildirdi.

Otuz yaşlarında ya var ya yok bir genç, içeri girip selam verdi.

"Fransız'sınız ve adınız da John (Con), değil mi?" diye sordu Phileas Fogg.

"Affınıza sığınarak düzelteyim, adım 'Jean' (Jan) efendim" dedi yeni gelen. "Jean Passepartout (Paspartu), yani Maymuncuk Jean derler bana. Her

işten yakayı sıyırdığım için takıldı bana bu lakap. Dürüst bir adamımdır ama doğruya doğru, çok iş değiştirdim. Sokak şarkıcılığından sirk cambazlığına, jimnastik öğretmenliğinden itfaiyeciliğe kadar... Beş yıl önce Fransa'dan ayrılıp, İngiltere'ye uşak olarak çalışmaya geldim. Derken efendim, işsiz kaldım ve Phileas Fogg'un İngiltere'nin en dakik, en sakin yaşayan insanı olduğunu duyunca, ben de nihayet sakin bir yaşama kavuşup, şu Passepartout lakabını unutmak için size başvurmaya karar verdim..."

"Passepartout bana uyar," diye yanıtladı kibar bey. "Sizi bana önerdiler. İyi şeyler duydum hakkınızda. Şartlarımı biliyor musunuz?"

"Evet efendim."

"İyi o zaman. Saatiniz kaç?"

"On biri yirmi iki geçiyor," diye yanıtladı Passepartout, kocaman gümüş saatine bakarak.

"Saatiniz geri," dedi Bay Fogg.

"Özür dilerim efendim ama olanaksız bu."

"Saatiniz yedi dakika geri kalmış. Ama farkı saptadığımıza göre bir önemi yok. Evet, şu andan, yani 2 Ekim 1872 Çarşamba günü, sabah on biri yirmi dokuz geçeden itibaren işe alınmış bulunuyorsunuz."

Phileas Fogg cümlesini bitirir bitirmez kalktı, şapkasını sol eliyle alıp robot gibi başına yerleştirdikten sonra, bir tek sözcük daha etmeden kapıdan çıkıp gitti.

Passepartout, arka arkaya iki kez kapının açılıp kapandığını duydu: Önce yeni efendisi, ardından eski uşak çıkmıştı ve Passepartout evde yalnız kalmıştı.

II

PASSEPARTOUT NİHAYET ARADIĞI İŞE KAVUŞTUĞUNA İNANIYOR

"İnan olsun, Madam Tussaud'nun Mumya Müzesi'ndeki bal mumu heykellerin, yeni efendimden aşağı kalır yanı yok!" dedi afallayan Passepartout.

Birkaç dakikalık konuşmaları sırasında yeni efendisini inceden inceye gözlemlemişti. Kırk yaşlarında, yakışıklı ve soylu yüz hatlarına sahip, uzun boylu, hafifçe kilolu, sarışın, alnı kırışıksız, soluk tenli, mükemmel dişlere sahip bir adamdı. Soğukkanlı İngilizlerin tipik bir örneğiydi. Her hâliyle dengeli, temkinli, âdeta bir kronometre kusursuzluğunda bir adamdı.

Phileas Fogg, hiçbir zaman acele etmedikleri hâlde her an hazır olan insanlardandı. Gereksiz işlerle oyalanmaz, heyecanlanıp paniğe kapılmazdı. Her işini sakince yapar, her yere zamanında yetişirdi.

Tam bir Parisli olan Jean Passepartout ise, beş yıldır İngiltere'de bağlanabileceği bir efendi bulamamıştı.

Passepartout, öyle burnu kalkık Fransızlardan değildi. Cesur ve sevimli bir delikanlıydı. Nazik ve yardımsever görünüşüyle, dost olmak isteyeceğiniz bir tipti. Mavi gözleri, tombul ve capcanlı bir yüzü, geniş omuzları ve kaslı bir vücudu vardı. Hoş ama cüsseli ve güçlü bir delikanlıydı anlayacağınız. Kumral, bir türlü yatıramadığı asi saçlarıyla pek de uğraşmazdı.

Bu delikanlının açık yürekli karakterinin Phileas Fogg'unkiyle uyuşup uyuşamayacağını veya Passepartout'nun, efendisinin aradığı şaşmaz dakiklikteki uşak olup olamayacağını da şimdiden bilemiyoruz. Bunu bize zaman gösterecek. Bildiğimiz, Passepartout'nun ipsiz sapsız geçen gençlik yıllarından sonra sakin bir iş bulup dinlenmek için İngiltere'ye geldiği, ama burada da gönlüne göre bir efendi bulamayıp on ev değiştirmek zorunda kaldığı; nihayet Phileas Fogg'un ününü duyup, günlük programı önceden belli olan, yolculuğa filan da çıkmayan bu sakin adamın yanına geldiğidir.

Bu düşüncelerle evde yalnız kalan Passepartout, hemen evi kolaçan etmeye girişti. Bu temiz ve düzenli evi pek beğendi. İkinci kattaki odasını buldu ve "Harika, harika, her şey tam istediğim gibi!" diye düşündü. Derken odasındaki duvar saatinin

–Phileas Fogg'un odasındaki saatle saniyesi saniyesine aynı anda işliyordu bu saat– üzerinde günlük hizmet programını buldu. Sabahtan akşama kadar yapması gereken işler, dakikası dakikasına ve tüm ayrıntılarıyla yer alıyordu bu programda. Passepartout neşeyle programı eline alıp, aklına kazımaya çalıştı.

Beyefendinin gardırobu da çok düzenliydi. Bütün kıyafetler ve ayakkabılar giyilecekleri mevsime göre numaralandırılmıştı. Bütün ev, rahat ve tam yeteri kadar eşyayla döşenmişti. Mesela hiç kütüphane yoktu, çünkü Reform Kulübü bu hizmeti zaten verdiğine göre evde kitap bulundurmak gereksiz olacaktı. Silah da bulunmuyordu bu barışçıl evde.

Bütün bunlara bakan Passepartout ellerini ovuşturdu ve yüzü sevinçle ışıldayarak: "Tam aradığım ev! Bay Fogg'la çok iyi anlaşacağız. Tam bir robot bu adam! Ben de seve seve hizmet ederim bir robota!" dedi.

III

PHILEAS FOGG'A PAHALIYA PATLAYABİLECEK BİR SOHBET

Phileas Fogg on bir buçukta evinden çıktıktan sonra, sağ ayağını beş yüz yetmiş beş kez sol ayağının, sol ayağını da beş yüz yetmiş altı kez sağ ayağının önüne atarak Reform Kulübü'ne gelmişti. Hemen yemek odasına çıkıp; her zamanki masasında, her zamanki gibi mükellef bir yemek yedi.

On iki kırk yedide kalkıp, şatafatlı bir şekilde dekore edilmiş büyük salona geçti. Burada, üç kırk beşe kadar *Times* gazetesini, ardından akşam yemeğine kadar *Standart* gazetesini okudu. Sonra da kalkıp, öğlen yemeğine çok benzeyen akşam yemeğini yedi.

Altıya yirmi kala tekrar büyük salona geçerek, *Morning Chronicle* gazetesini okumaya daldı.

Yarım saat kadar sonra, Reform Kulübü'nün diğer üyeleri birer birer sökün ettiler. Sanayi ve finans dünyasının ileri gelenleri arasında yer alan bu

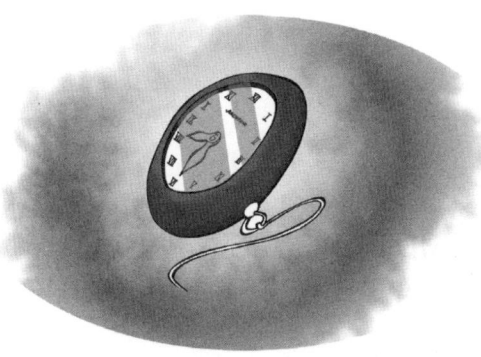

kişiler, Bay Fogg'un kâğıt oyunu arkadaşlarıydılar: Mühendis Andrew Stuart, bankacı John Sullivan ile Samuel Fallentin, bira fabrikası sahibi Thomas Flanagan ve İngiltere Merkez Bankası yöneticilerinden Gauthier Ralph.

"Ralph, şu hırsızlık işinden haber var mı?" diye sordu Bay Flanagan.

"İz üstündeyiz. Avrupa ve Amerika'nın başlıca limanlarına işinin ehli dedektifler gönderdik," dedi banka yöneticisi Bay Ralph.

"Demek, bankadan elli beş bin sterlini yürüten hırsızın eşkâlini biliyorsunuz?"

"Gazetede parayı çalanın bir beyefendi olduğu yazıyor," diye araya girdi Phileas Fogg.

Bütün İngiliz gazetelerinde hararetle tartışılan hırsızlık, üç gün önce gerçekleşmişti. Merkez Bankası baş veznedarının masasından elli beş bin sterlin yok olmuştu. Bunun üzerine en usta polis dedektifleri seçilmiş ve iki bin sterlinlik bir ödül vaat edilerek, belli başlı limanlara gönderilmişlerdi.

Gazetenin haberine göre hırsız, İngiltere'nin bilinen hırsızlık çetelerinden değildi. Olayın olduğu 29 Eylül günü bankada, iyi giyimli, kibar ve soylu görünümlü bir beyefendinin suç mahallinde dolandığı görülmüştü. Eşkâl, İngiltere'nin bütün dedektiflerine gönderilmişti. Bay Stuart, Bay Flanagan, Bay Fallentin ve Phileas Fogg nihayet vist masasına oturup, kâğıt oynamaya başladılar.

"Ben şansın hırsızdan yana olduğunu düşünüyorum!" dedi Bay Stuart.

"Hadi canım!" diye yanıtladı Bay Ralph, "Kaçabileceği tek bir ülke bile yok!"

"Diyorsun?"

"Nereye gidecek ki?"

"Orasını bilemem, dünya çok büyük."

"O eskidendi," diye araya girdi alçak sesle Phileas Fogg ve "Kartları kesiniz," diyerek Bay Flanagan'a uzattı.

"Nasıl yani eskiden! Dünya küçüldü de bizim mi haberimiz yok?"

"Bay Fogg'a katılıyorum," dedi Bay Ralph. "Yüz yıl öncesine göre on kat daha hızlı dolaşılabildiğine göre, küçüldü elbet. Bu da araştırmaları hızlandıracaktır."

"Hırsızın kaçışını da tabii!"

"Sıra sizde Bay Stuart," dedi Phileas Fogg.

Oyun bitti ve hiç ikna olmayan Bay Stuart söz aldı:

"Yani şimdi dünyanın çevresi üç ayda..."

"Yalnızca seksen günde dolaşılabiliyor," dedi Phileas Fogg.

"Hint Demir Yolları, Rothal ile Allahabad arasındaki tren yolunu açalı beri, gerçekten de seksen günde dolaşılabiliyor," dedi Bay Sullivan.

"Gazetedeki hesaba bakın:

Tren ve gemiyle, Mont-Cenis ve Brindisi üzerinden
  Londra-Süveyş arası: 7 gün
Gemiyle Süveyş-Bombay (Mumbai) arası: 13 gün
Trenle Bombay - Kalküta arası: 3 gün
Gemiyle Kalküta - Hong Kong (Çin) arası: 13 gün
Gemiyle Hong Kong - Yokohama (Japonya) arası: 6 gün
Gemiyle Yokohama - San Francisco arası: 22 gün
Trenle San Francisco - New York arası: 7 gün
Gemi ve trenle New York - Londra arası: 9 gün
Toplam: 80 gün"

"Evet, seksen gün!" diye bağırdı Bay Stuart oyunda yanlış bir hamle yaparak, "Ama kötü hava, ters rüzgârlar, gemi batması, trenin raydan çıkması vs hesaba katılmazsa tabii!"

"Hepsini hesaba katarak," diye yanıtladı Phileas Fogg oyuna devam ederek.

"Hintliler veya Kızılderililer rayları söküp, treni durdursalar, yük vagonlarını yağmalayıp, yolcuların kafa derilerini yüzseler bile mi!"

"Hepsi dâhil," diye yanıtladı Phileas Fogg oyunu bitirip kartlarını masaya açarak.

Dağıtma sırası kendisine gelen Bay Stuart kartları toplarken: "Teoride haklısınız Bay Fogg ama ya uygulamada..."

"Uygulamada da geçerli Bay Stuart."

"Sizi görmek isterdim."

"Bu sizin elinizde, birlikte yolculuğa çıkalım."

"Aman kalsın!" diye bağırdı Bay Stuart, "Ama bu şartlarda böyle bir yolculuğun yapılamayacağına dört bin sterline bahse girerim!"

"Aksine, kesinlikle mümkün," diye yanıtladı Bay Fogg.

"E yapın da görelim öyleyse!"

"Seksen günde dünya turu mu yapayım?"

"Evet."

"Tamam, kabul."

"Ne zaman?"

"Hemen."

"Çılgınlık bu ama!" diye bağırdı arkadaşının diretmesinden bunalan Bay Stuart. "Haydi, oyuna devam edelim biz!"

"Yeniden dağıtın o zaman," diye yanıtladı Phileas Fogg, "yanlış oldu."

Bay Stuart heyecanla kartları topladı, sonra birden tekrar masaya bıraktı:

"Tamam o zaman Bay Fogg," dedi, "Dört bin sterline bahse giriyorum!"

"Sevgili Bay Stuart," dedi Bay Fallentin, "Sakin olun. Ciddi değildi ki."

"Ben bahse giriyorum dediğimde, her zaman ciddiyimdir," dedi Bay Stuart.

"Pekâlâ," dedi Bay Fogg arkadaşlarına dönerek: "Baring Kardeşler'de yirmi bin sterlinim var. Ben de bu parayı ortaya koyuyorum..."

"Yirmi bin ha!" diye bağırdı Bay Sullivan. "Beklenmedik olaylar yüzünden kaybedebileceğinizi bile bile!"

"Beklenmedik olay diye bir şey yoktur," dedi Phileas Fogg.

"Dalga geçiyorsunuz!"

"Böyle ciddi bir bahis olduğunda, iyi bir İngiliz asla dalga geçmez! Dünya'yı en fazla seksen günde, yani bin dokuz yüz yirmi saatte veya yüz on beş bin iki yüz dakikada dolaşıp geleceğime bahse giriyorum. Kabul mü?"

"Kabul," dedi bütün beyler.

"Tamam, o zaman sekiz kırk beşte kalkan Dover treniyle yola çıkıyorum."

"Bu akşam mı?"

"Evet. 21 Aralık akşamı tam sekiz kırk beşte bu salonda olmazsam, yirmi bin sterlin sizindir."

Saat yedi olduğundan, beyler oyunu bırakmayı önerdilerse de, "Hayır, ben her zaman hazırım!" dedi ve oyuna devam etti.

IV

PHILEAS FOGG, UŞAĞI PASSEPARTOUT'YU ŞAŞIRTIYOR

Phileas Fogg yedi ellide eve döndü. Hizmet programını iyice ezberlemiş olan Passepartout, efendisinin tam on ikide dönmek yerine erken gelmesine hiçbir anlam veremedi.

Hatta odasına çıkan Bay Fogg kendisini çağırıp da "On dakika içinde Dover'a oradan da Calais'ye gidiyoruz," deyince yanlış anladığını sandı.

"Beyefendi yola mı çıkıyor?"

"Evet," dedi Phileas Fogg, "Dünya turuna çıkıyoruz."

Ağzı bir karış açık kalan Passepartout, "Dünya turu mu?" diye geveledi.

"Evet, seksen günde hem de. O yüzden kaybedecek bir saniyemiz bile yok," diye yanıtladı Bay Fogg ve talimatlarını verdi:

"Bavul mavul almayın. Bir çantaya ikimiz için ikişer yün gömlek, üçer çift çorap koyun yeter. Gerisini yoldan alırız. Pek yürümeyeceğiz ama sağlam bir pabuç giyin ayağınıza. Haydi!"

Passepartout tek laf edemeden odasına çıktı, "Şu işe bak!" dedi, "Sakin yaşayacaktık sözde!.."

Bir yandan yol hazırlıklarını yaparken, bir yandan da "Bu bir şaka olmasın sakın?" diye düşünüyordu. O güne dek eviyle kulüp arasındaki yoldan dışarı çıkmayan bir adam, Dünya turuna çıksın! Çarçabuk işini bitirdi, kafası karmakarışık bir şekilde odasını kapattı ve hazır bekleyen efendisinin yanına indi.

Bay Fogg, koltuğunun altına sıkıştırdığı *Bradshaw Dünya Kara ve Deniz Yolları Kılavuzu*'yla hazır bekliyordu. Passepartout'dan çantayı alıp, içine bir tomar kâğıt para yerleştirdi.

"Dikkat edin," dedi, "içinde yirmi bin sterlin var."

Dış kapıyı iki kez kilitleyip, bir at arabasına bindiler ve saat sekiz yirmide tren garına vardılar.

Bay Fogg arabacıya parayı ödedikten sonra, elinde çocuğuyla yalın ayak dilenen zavallı bir kadına, o gün oyunda kazandığı bütün parayı verince, Passepartout'nun gönlünü kazanma yolunda koca bir adım atmış oldu.

Reform Kulübü'nden beş arkadaşı garda beklemekteydiler.

"Yola çıkıyorum beyler," dedi Phileas Fogg. "Dönüşte pasaportuma işlettiğim vize damgalarından, rotamı kontrol edebilirsiniz."

"O zaman görüşmek üzere..." dedi Bay Stuart.
"21 Aralık 1872'de akşam sekiz kırk beşte! Hoşça kalın beyler!"

Efendi, uşak aynı kompartımana yerleştiler ve sekiz kırk beşte tren kalktı.

Çok yol almamışlardı ki, banknotlarla dolu çantayı göğsüne bastırarak sessizce oturan Passepartout, umutsuz bir çığlık attı.

"Ne oldu?"
"Şey... Ben.. aceleden... unuttum..."
"Neyi?"
"Odamdaki gaz lambasını söndürmeyi!"
"Öyleyse," diye yanıtladı Bay Fogg sakince, "dönene kadar sizin hesabınıza yanacak lamba."

V

LONDRA'DA YENİ BİR YATIRIM ARACI ORTAYA ÇIKIYOR

Phileas Fogg, Londra'dan ayrılırken yolculuğunun büyük yankılar uyandıracağını hiç düşünmemişti herhâlde. Bahis haberi önce Reform Kulüp'te yayıldı, ardından gazetelere sıçrayıp tüm Londra ve İngiltere'de duyuldu.

Gazetelerin çoğu bu yolculuğun mümkün olamayacağını açıklamaya girişip, işi Phileas Fogg'un zırdeli olduğunu savunmaya kadar vardırdılar.

Kalkış ve varış saatleriyle ilgili gecikmeler, kaçırılan aktarmalar, taşıtlardaki bozulmalar, kötü hava koşulları, her şey, her şey yolculuğun zamanında tamamlanmasına bir engel olabilirdi. Öte yandan onun tarafını tutanlar da yok değildi. "Ha ha neden olmasın, daha tuhaf şeyler de görmedik mi?" diyorlardı.

Bunun üzerine bahisler başladı. Halkın her kesiminden insan, Phileas Fogg'un başarısı veya başarısızlığı üzerine bahse tutuştu. Derken iş daha da ileri gitti ve borsada Phileas Fogg hisseleri alınıp satılmaya başlandı. İlk günlerde hisseler büyük artış da kaydetti ama 7 Ekim'de *Kraliyet Coğrafya Derneği Bülteni*'nde yayınlanan olumsuz yazı üzerine, hisseler aniden düşüşe geçti.

Sonunda Phileas Fogg'u tutan yalnızca bir kişi kaldı: Koltuğundan kalkamayan hayli yaşlı ve soylu bir beyefendi olan, felçli Lord Albermale, onun adına beş bin sterlin ortaya koymuştu.

Derken, yolculuğun yedinci gününde, hiç beklenmedik bir olay bahislere son noktayı koydu.

Akşam saat dokuzda Londra Polis Müdürü şöyle bir telgraf aldı:

"Süveyş'ten Londra'ya.

Rowan Emniyet Müdürlüğü, İskoçya.

Banka hırsızı Phileas Fogg'un peşindeyim. Acele olarak Bombay'a bir tutuklama belgesi gönderin.

Dedektif Fix"

Bu telgraf bomba etkisi yaptı. Gizemli Bay Fogg'un resmi incelendiğinde, hırsızın eşkâline tıpatıp uyduğu görüldü ve bu tuhaf yolculuğun, İngiliz polisini şaşırtmaya yönelik bir kaçış planı olduğundan herkes emin oldu.

VI

DEDEKTİF FIX HAKLI
BİR SABIRSIZLIK GÖSTERİYOR

Şimdi telgrafın hangi şartlarda yazıldığına bir bakalım:

9 Ekim günü sabah on birde, *Mongolia* yolcu gemisinin Süveyş'e gelmesi bekleniyordu. Bu oldukça hızlı ve büyük buharlı gemi, yolcularını, İtalya'nın Brindisi kentinden, Süveyş Kanalı yoluyla Hindistan'ın Bombay kentine getirip götürürdü.

Mongolia'yı bekleyen kalabalığın arasında, rıhtımda yan yana dolanan iki adam vardı. Biri Birleşik Krallık Süveyş Konsolosu; yanındakiyse, zeki ama sinirli, çatık kaşlı, kısa boylu, zayıf bir adamdı.

Sabırsızlıktan yerinde duramayan bu ufak tefek adam, İngiliz Polisi'nin banka hırsızını bulmak için yabancı limanlara gönderdiği dedektiflerden biri olan Fix'ti.

Verilen ödül hayli büyük olduğundan, bir an önce hırsızı yakalamak istiyordu. Gemiden inecek

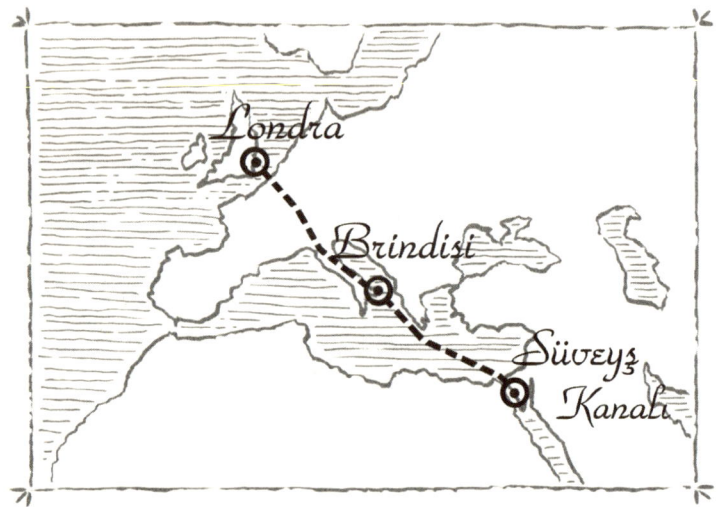

yolcular içinde, verilen eşkâle uyan soylu ve kılık kıyafeti düzgün bir şüpheli olup olmadığını araştırmak için de sabırsızlıkla rıhtımda beklemekteydi.

"Gemi gecikmez değil mi?" diye sordu konsolosa belki onuncu kez.

"Hayır, Bay Fix," diye yanıtladı konsolos. "Çok hızlı bir gemi bu ve hep vaktinden önce ulaşır limana. Ben asıl siz hırsızı nasıl tanıyacaksınız, onu merak ediyorum."

"Bu tür adamları yakalamak için sezgi gerekir, sezgi. Hırsız bu gemideyse, hayatta elimden kaçamaz."

"Miktar büyük, umarım yakalarsınız. Yine de dürüst görünen bir adamı ayırt etmek zor olacak bence."

"Azılı hırsızlar hep dürüst görünüşlü olur zaten. Kolay olacak diyemem tabii, ama başlı başına bir sanattır bu! Elimden kaçamaz."

Saat on buçuk olmuştu ama gemi ortalarda yoktu.

"Bu gemi doğruca Bombay'a mı gidiyor?" diye sordu Fix sabırsızca.

"Evet. Kömür almak için dört saat limanda kalıp yola çıkacak."

"O zaman hırsız burada gemiden ayrılacaktır. İngiliz toprağı olan Hindistan'da güvende olmayacağının farkındadır."

"Eğer çok güçlü bir kişi değilse tabii," dedi konsolos.

Fix, bu sözler üzerine tam derin düşüncelere dalmıştı ki, geminin yaklaştığını bildiren düdükler çaldı ve devasa gemi buhar çıkara çıkara kanaldan geçip tam zamanında rıhtıma yanaştı.

Fix, inen yolcuları dikkatle incelerken; fellahları ite ite yanına gelen bir adam, İngiliz Konsolosluğu'nun yerini sordu.

Fix, adamın elindeki pasaportu alıp da içindeki bilgilerin hırsızın eşkâline tıpatıp uyduğunu görünce ne kadar heyecanlandığını siz düşünün.

"Bu sizin pasaportunuz mu?" diye sordu hemen.

"Hayır, efendimin. Kendisi gemide kaldı," dedi yolcu.

"Onun da konsolosluğa bizzat başvurması gerek. Bakın büro hemen şurada," diye işaret etti Fix.

Bunun üzerine yolcu, gemiye efendisini çağırmaya gitti.

VII

PASAPORTLARIN POLİSLE İLGİLİ İŞLERDE İŞE YARAMADIĞI BİR KEZ DAHA KANITLANIYOR

Dedektif hemen büroya gidip konsolosun yanına çıktı ve "Sanırım bizim hırsız gerçekten de *Mongolia*'da," diye doğrudan lafa girerek, olan biteni anlattı. Şüpheliyi bir süre alıkoyabilmek için, konsolostan adamın pasaportunu damgalamamasını rica etmeye gelmişti.

Konsolos ise adamın geleceğinden kuşkuluydu. Gerçekten hırsızsa izini belli etmek istemezdi çünkü. Gerekli olmadığı hâlde gene de pasaportunu damgalatmaya gelirse, bu işlemi yapmak zorunda olduğunu anlatırken, kapı çalındı.

Gelenler efendiyle uşağıydı. Efendi pasaportunu uzatıp, damgalanmasını rica ettiğinde, Dedektif Fix bir köşeden gözleriyle âdeta yiyordu adamı.

"Phileas Fogg siz misiniz bayım?"

"Evet. Bu da Fransız uşağım Passepartout. Londra'dan gelip, Bombay'a gidiyoruz."

"Tamam da, bu işlem gereksiz, pasaporta gerek yok artık. Bilmiyor musunuz?"

"Biliyorum ama bu damgayla Süveyş'ten geçtiğimi belgelemek istiyorum."

Bunun üzerine konsolos gereken damgayı vurdu ve efendiyle uşağı çıkıp gittiler.

"Evet?" dedi dedektif.

"Bana gayet dürüst bir adam gibi geldi!" diye yanıtladı konsolos.

"Tamam da, sizce de eşkâle tam uymuyor mu?"

"Evet de, bilirsiniz ki eşkâller bazen yanıltıcı olabilir..."

"Ben işin aslını nereden öğreneceğimi biliyorum..." diyen Fix, uşağı aramak üzere çıktı.

Bu arada Bay Fogg kamarasına dönmüş, not defterine gezi duraklarını gün gün, saat saat işlemeye girişmişti: Londra, Paris, Torino, Brindisi'den

Mongolia'ya biniş ve nihayet Süveyş. Toplamda 158,5 saat veya 6,5 gün sürmüştü şimdiye kadarki yolculuk. Varılan kent ve tarihlerin tüm ayrıntılarıyla yer aldığı bir tabloydu bu. Böylece kazanılan ve kaybedilen zaman da belirlenebiliyordu.

Bu işi bitirince, odasında yemeğini yedi ve inip kenti gezmeyi düşünmedi bile.

VIII

PASSEPARTOUT BİRAZ BOŞBOĞAZLIK EDİYOR

Fix, aylak aylak gezinen Passepartout'ya hemen yetişmişti.

"Ne haber ahbap, pasaportu damgalattınız mı?" diye lafa girdi.

"Aa, siz misiniz beyefendi. Tabii ki, her işimiz düzenlidir bizim."

"Şimdi de geziyorsunuz?"

"Evet de, öyle hızlı gidiyoruz ki, bir rüyada gibiyim. Süveyş mi burası?"

"Evet, Mısır'dayız, yani Afrika kıtasında."

"İnanamıyorum!" dedi uşak. "Memleketim Paris'i bile ancak araba camının arkasından bir saat kadar görebildim."

"Çok aceleniz var öyleyse?"

"Benim değil de efendimin var. Aceleden bavulsuz çıktığımız için, şimdi gidip öteberi almam gerek."

"Gelin, ben götüreyim sizi çarşıya."
"Beyefendi, gerçekten çok naziksiniz."
Böyle konuşa konuşa çarşıya doğru yollandılar. Fix, uşağın ağzını aramak için sorular sordukça, Passepartout da Londra'dan aceleyle ayrıldıklarını, efendisinin seksen günde Dünya turu yapmak istediğini, bir bahis nedeniyle bu işe kalkıştığını bir bir sayıp döktü. Hatta çantada koca bir tomar yeni banknot taşıdıklarını ve efendisinin, Bombay'a erken ulaşmaları hâlinde geminin çarkçısına ödül vereceğini bile anlattı.

"Peki, uzun süredir mi tanıyorsunuz efendinizi?" diye sordu Fix.

"Yok canım!", diye yanıtladı Passepartout, "Yola çıktığımız gün girdim hizmetine."

Bütün bu anlatılanlar, dedektifin şüphelerini doğrular nitelikteydi. Uşağı biraz daha konuşturup, efendisinin nereden geldiği belli olmayan bir servete sahip, gizemli bir adam olduğunu da öğrenince, iyice işkillendi. Ne var ki Bay Fogg'un Süveyş'te inmeyip, gerçekten Bombay'a gideceğini de öğrenmişti laf arasında.

"Uzak mı şu Bombay?" diye sordu Passepartout.

"Çok uzak. Hindistan'da. Yani ta Asya kıtasında. En az on iki günlük yol," diye yanıtladı Fix.

"Şu lamba yaktı beni o zaman!"

"Ne lambası?"

Passepartout odasında hesabına yanan gaz lambası olayını anlatmaya giriştiyse de Fix artık onu dinlemiyordu. Uşağı çarşıda bırakıp, öğrendiklerini anlatmak üzere konsolosun yanına koştu.

"Artık hiç şüphem kalmadı, Bay Fogg aradığımız hırsızın ta kendisi!"

"Peki, ne yapacaksınız?"

"Bombay'a bir tutuklama belgesi göndermeleri için Londra'ya telgraf çekip, gemiye bineceğim ve Hindistan'a iner inmez hırsızı enseleyeceğim!"

Bunu der demez de koşup şu bizim telgrafı çekti ve elinde valiziyle *Mongolia* gemisine yetişti.

IX

KIZILDENİZ VE HİNT OKYANUSU, PHILEAS FOGG'A YARDIM EDİYOR

Gemi yolcularının çoğu, kimisi Bombay'a kimisi de Kalküta'ya olmak üzere, Hindistan'a gitmekteydiler. Ancak Kalküya'ta gidecekler de Bombay'da ineceklerdi çünkü kıtayı bir uçtan diğerine geçen demir yolu yapılalı beri, Sri Lanka'dan dönerek denizden gitmek anlamsızlaşmıştı.

Gemi Kızıldeniz'in azgın dalgalarıyla boğuşarak ilerlerken, Phileas Fogg ne yapıyordu dersiniz? Yolculuğun aksamasına yol açabilecek terslikleri düşünüp de kaygılanıyor, endişeyle denizi kolaçan ediyor sanıyorsanız çok yanılıyorsunuz. Aksine, beyefendi her zamanki gibi gayet sakindi. Düzenli olarak yemeklerini yiyor ve bulduğu yeni arkadaşlarla kâğıt oynuyordu.

Passepartout'nun da keyfi yerindeydi. Yiyip içip yolculuğun tadını çıkarıyor, bu tuhaf yolculuğun Bombay'da sona ereceğini sanıyordu.

Süveyş'ten yola çıktıktan bir gün sonra Passepartout, Fix'le karşılaştı.

"Siz bana Süveyş'te yardımcı olan nazik beyefendisiniz değil mi? Bay..."

"Fix."

"Çok memnun oldum, nereye gidiyorsunuz?"

"Bombay'a. İngiliz Deniz Taşımacılığı Şirketi görevlisiyim ben."

"Harika! Daha önce gittiyseniz anlatsanıza nasıl bir yer?"

"Gittim tabii! Çok ilginç bir yer. Camiler, Budist tapınakları, Hint fakirleri, yılanlar, kaplanlar, dansözler... Umarım güzelce gezebilirsiniz."

"Umarım. Aklı olan adam, seksen günde Dünya turu yapacağım diye trenden gemiye, gemiden trene koşup durur mu? Hayır. Bu yolculuk Bombay'da bitecek kesin."

"Ya? Bay Fogg nasıllar?"

"Çok iyi. Ben de öyle. Kıtlıktan çıkmış bir dev gibi yiyorum. Ne de olsa deniz havası."

"Efendinizi hiç görmüyorum güvertede ama."

"Göremezsiniz, sevmez."

"Gizli bir görevde falan olmasın?"

"İnanın bilmiyorum, hiç de ilgilendirmez beni."

O günden sonra Passepartout'yla Fix sık sık sohbet ettiler. Fix, bu dostluğun işine yarayabileceğini düşünüyor, öteki de onu nazik bir bey sanıyordu...

Bu arada gemi hızla ilerliyordu. Moka'dan ve Bab-ül Mendeb Boğazı'ndan geçip, 14 Ekim akşamı, normalden on beş saat erken, kömür almak için Aden Limanı'na demirledi. Bay Fogg, pasaportunu damgalatıp gemiye kart oynamaya döndü; Passepartout ise dört saatlik moladan yararlanıp, kenti gezdi.

Sonra gemi limandan ayrılıp, Hint Okyanusu'nu sorunsuzca geçerek, 20 Ekim'de öğleye doğru, yani olağan varış tarihinden 2 gün erken olarak, Bombay'a ulaştı.

X

PASSEPARTOUT AYAKKABILARINI KAYBEDİYOR

Tabanı kuzeyde tepesi güneyde ters bir üçgene benzeyen Hindistan'ın büyük bir kısmı, İngiliz Hükümeti'nin egemenliği altındaydı. İngilizlerin Kalküta, Madras, Bombay, Bengal ve Agra'da valileri vardı. Ancak ülkenin diğer kısımlarında, sert racalar hüküm sürmekteydi.

Yeni yapılan demir yoluyla, artık Bombay'dan Kalküta'ya üç günde gidilebiliyordu. Ancak düz bir çizgi şeklinde bağlanmıyordu bu iki kent. Raylar önce biraz yukarıya Allahabad'a kadar çıkıyor, sonra tekrar aşağı Kalküta'ya iniyordu.

Mongolia yolcuları akşam dört buçukta Bombay'a indiler. Kalküta treni ise sekizde kalkacaktı.

Bay Fogg, uşağına talimatlarını verdikten sonra, düzenli adımlarla pasaportunu damgalatmaya yollandı. Bombay'ın ünlü kütüphanesi, pamuk pazarı,

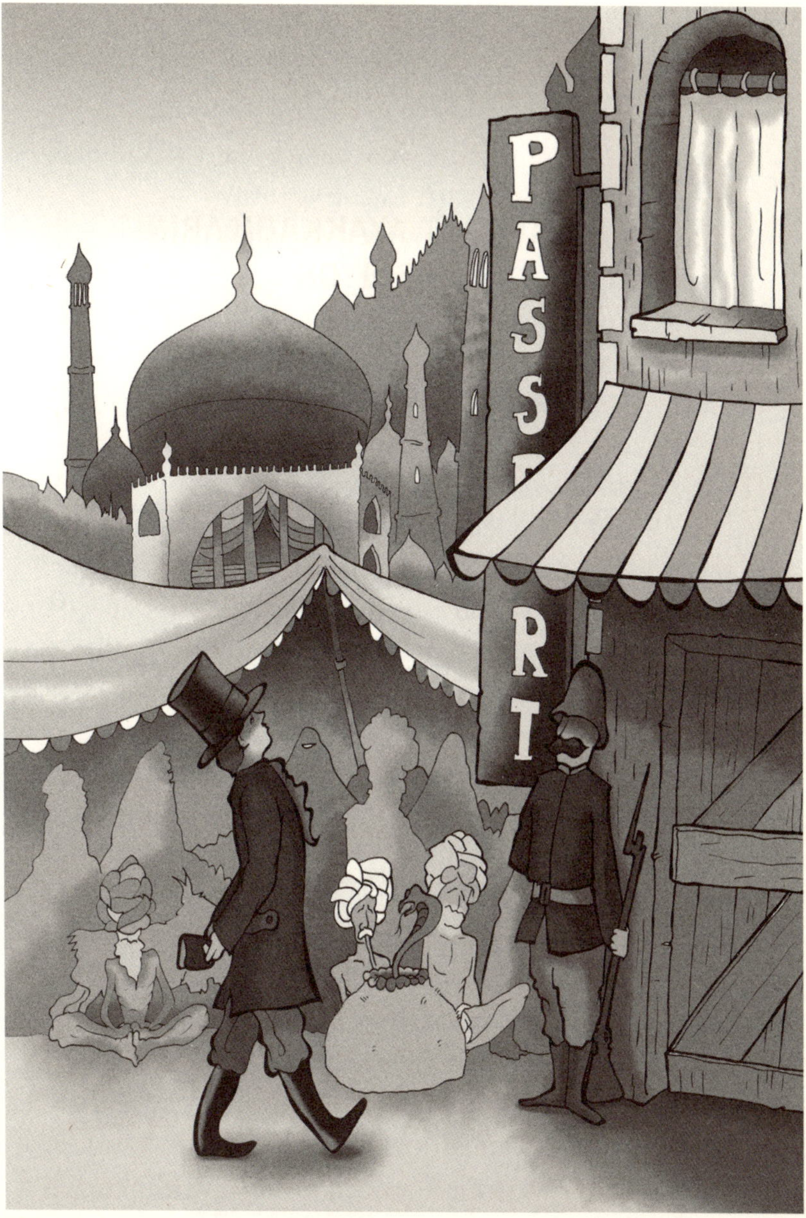

PASSP
RT

Budist tapınakları, Fil Mağaraları zerre kadar ilgisini çekmiyordu.

Gar lokantasına gelip, garsonun öve öve bitiremediği tavşan yahnisini sipariş etti. Ne var ki baharatlı sosuna rağmen etin tadı berbattı.

"Bu tavşanın boğazlanırken miyavlamadığına emin misiniz?" diye sordu garsona. Garson bunun gerçekten de tavşan olduğuna yemin etse de, Bay Fogg hiç ikna olmadı. Hindistan'da kedilere (ve turistlere) saygı gösterilen eski günleri anarak yemeğini bitirdi.

Dedektif Fix ise soluğu Bombay polisinde almıştı. Ne var ki beklediği tutuklama emrinin henüz ulaşmadığını öğrenip, buradaki polis müdüründen böyle bir belge koparmayı da başaramayınca çok bozum oldu. Belge gelinceye kadar Bay Fogg'u izlemeye karar verdi.

Passepartout ise, efendisinin talimatlarından sonra yolculuğun Bombay'da sona ermeyeceğini anlamıştı. Alışverişini yapmış, trene binmeden önceki saatlerini, bin bir çeşit insanla bir panayır yerine benzeyen sokakları gezerek geçirmekteydi. Parsilerin dini karnaval kutlamalarını fal taşı gibi gözlerle seyrederek dolaşırken, kendini ünlü Malebar-Hill Tapınağı'nın önünde buldu ve içeri girmeye karar verdi.

Bizim Passepartout, bazı Hindu tapınaklarına Hristiyanların girmesinin yasak olduğundan da, Hinduların bile tapınaklara girerken ayakkabılarını kapıya bıraktıklarından da habersizdi. Hindistan'da bu yasağa uymamak çok büyük bir suç sayılıyordu. Zavallıcığın kötü niyeti olmadan hayran hayran içeri girmesiyle, kendini yere kapaklanmış bulması bir oldu. Üç kızgın rahip üzerine atlamış, ayakkabılarını ve çoraplarını hışımla çıkardıktan sonra sille tokat dövmeye girişmişlerdi.

Neyse ki dinç ve çevik delikanlı ayağa kalktığı gibi, rahipleri birine bir yumruk diğerine bir tekme sallayarak yere yuvarladı ve tabanları yağlayıp tapınaktan kaçmayı başardı. Üçüncü rahibe izini kaybettirip gara geldiğinde, trenin kalkmasına birkaç dakika kalmıştı.

Passepartout yalın ayak ve bozum olmuş bir şekilde başına gelenleri efendisine anlatırken, Bay Fogg'u gara kadar takip etmiş olan Fix de bir köşede gizlenip olan biteni dinliyordu.

"Hımm, Hindistan topraklarında işlemiş bir suç..." diye mırıldandı ve azılı hırsızın peşinden Kalküta'ya gitme kararından son anda vazgeçerek, Bombay'da kalmaya karar verdi.

XI

PHILEAS FOGG UÇUK BİR FİYATA BİR BİNEK HAYVANI SATIN ALIYOR

Tren zamanında kalkmıştı. Bay Fogg ile uşağının kompartımanında, Bay Fogg'un gemideki oyun arkadaşlarından biri olan Tuğgeneral Sir Francis Cromarty de vardı. Uzun boylu, sarışın, elli yaşlarında bir asker olan Sir Cromarty, gençliğinden beri Hindistan'da yaşayan ve ülkenin kültürünü çok iyi bilen bir adamdı. Yol arkadaşının tuhaf bir adam olduğunu sezmiş, ama bu soğuk görünüşün altında bir insan kalbinin çarpıp çarpmadığını anlayamamıştı.

Tren, Batı Gat Dağları boyunca ilerlerken, "Uşağınız ucuz atlattı doğrusu," dedi Sir Cromarty. "Yakalansaydı hapsi boylardı, sizin yolculuğu zamanında tamamlamanız da tehlikeye girerdi."

"Hiç de değil," dedi Bay Fogg, "Cezasını çeker, ardımdan Avrupa'ya dönerdi, o kadar."

Tren; kahve, Hindistan cevizi ve karanfil ağacı plantasyonlarının, içi filler, kaplanlar, yılanlarla dolu ormanların, terk edilmiş manastırların, şirin bungalovların, vahşi tanrıça Kali'ye tapanların kana buladığı toprakların arasından geçerek, saat yarımda Burhampur durağında durdu.

Passepartout istasyonda inip, ateş pahasına bir çift çarık aldı buradan. Sahte incilerle süslü çarıklarını bir kurumla ayağına geçirdi. Artık efendisinin dünyayı dolaşma projesini ciddiye almaya, çıkabilecek aksiliklerden kaygılanmaya başlamıştı. Dünkü akılsızca davranışının efendisini geciktirebileceğini düşündükçe kendine kızıyordu.

22 Ekim günü, Sir Cromarty, Passepartout'ya saati sordu ve sabahın üçü yanıtını aldı. Passepartout'nun Greenvich'e göre ayarlı olan köstekli saati tam dört saat geri kalmıştı. Her boylam derecesini geçtikçe dört dakika ileri alınması gerekiyordu saatlerin. Ancak Passepartout bu hesabı hiç anlamadı ve herhangi bir düzeltme yapmaya da yanaşmadı.

Saat sekizde, Rothal durağına henüz gelmeden, tren geniş bir açıklıkta pat diye duruverdi.

"Herkes trenden insin!" diye bağırdı kondüktör.

Bay Fogg, uşağı ve Sir Cromarty hemen trenden inip yanına gittiler.

"Neredeyiz ve burada neden durduk?" diye sordu Sir Cromarty kondüktöre.

"Kholby'deyiz ve tren yolu burada bitiyor. Allahabad'a kadar kendi imkânlarınızla gitmeniz gerekiyor."

"Hani tren yolunun yapımı bitmişti?"

"Yanlışınız var, herkes biletini, bu yolu kendilerinin gideceğini bilerek alıyor."

Sir Cromarty küplere binmişti. Passepartout kondüktörü tepelememek için kendini zor tutuyordu ancak Phileas Fog çok sakindi.

"Allahabad'a gitmenin bir yolunu buluruz," dedi. "Bunları öngörmüştüm ben."

"Nasıl, yani rayların döşenmediğini..."

"Tabii ki hayır. Ama er geç bir aksilik çıkmasını bekliyordum. Zaten iki günlük bir kazancım var. 25'inde Kalküta'dan Hong Kong'a giden gemiye yetişmememiz için bir neden yok."

Ne var ki onlar konuşurken, diğer yolcular Allahabad'a giden bütün araçları çoktan doldurmuşlardı ve bizimkilere hiç yer kalmamıştı.

"Yürüyerek giderim," dedi Bay Fogg.

Passepartout ise, incili terliklerine kuşkulu gözlerle bakıp, "Ben bir araç buldum galiba," dedi.

"Nedir o?"

"Bir fil."

"İyi, bakalım şu file o zaman."

Beş dakika sonra fili olan Hintli'nin kulübesindeydiler. Filin adı Kiuni'ydi. Ancak Hintli, fiyatı ne kadar yükseltirlerse yükseltsinler, filini kiralamaya yanaşmıyordu.

Bay Fogg, fili satın almak için tam bin sterlin önerdi. Hintli yine kabul etmedi! Belli ki fiyatı daha da yükseltebileceğini sezmişti. Bunun üzerine Bay Fogg, yavaş yavaş artırarak iki bin sterline kadar çıkınca, Hintli nihayet Kiuni'yi satmaya karar verdi.

Bu iş de hallolunca, sıra bir kılavuz bulmaya geldi. Neyse ki bu iş daha kolay oldu. Zeki bakışlı genç bir Parsi delikanlısı bulup, anlaştılar.

Delikanlı bu işi iyi biliyordu. Hemen fili hazırlamaya girişti. Hayvanın üzerine kalın bir örtü atıp, iki tarafına, yukarıdan bir eyerle birbirine tutturulmuş birer oturak astı. Böylece Bay Fogg'la Sir Cromarty oturaklarda, Passepartout yukarıdaki eyerde, kılavuz da hayvanın boynunda oturacak şekilde yerleşip, yola koyuldular.

XII

PHILEAS FOGG VE ARKADAŞLARI HİNDİSTAN ORMANLARINDA NE GİBİ TEHLİKELERLE KARŞILAŞIYOR?

Kılavuz, kestirmeden gitmek için, yapımı süren demir yolunu izlemek yerine doğruca ormana daldı.

Phileas Fogg'la Sir Cromarty, boyunlarına kadar oturaklarına gömülmüş, filin hızı nedeniyle sarsıla sarsıla gitmekteydiler.

Passepartout tepede habire bir o yana bir bu yana savruluyordu ama keyfi yerindeydi. Arada Kiuni'ye bir parça şeker bile veriyordu.

İki saatlik yürüyüşün ardından, kılavuz fili durdurup mola verince, sarsıntıdan içi dışına çıkmış olan Sir Cromatry pek sevindi. Buna karşılık Bay Fogg'un, sanki rahat yatağından çıkmış gibi formunda olmasına ise herkes çok şaştı.

Öğlen tekrar yola koyuldular. Orman bitince; bodur ağaçlıklardan, ıssız çorak düzlüklerden, koca fili yolcularıyla koşar hâlde görünce sinirli sinirli

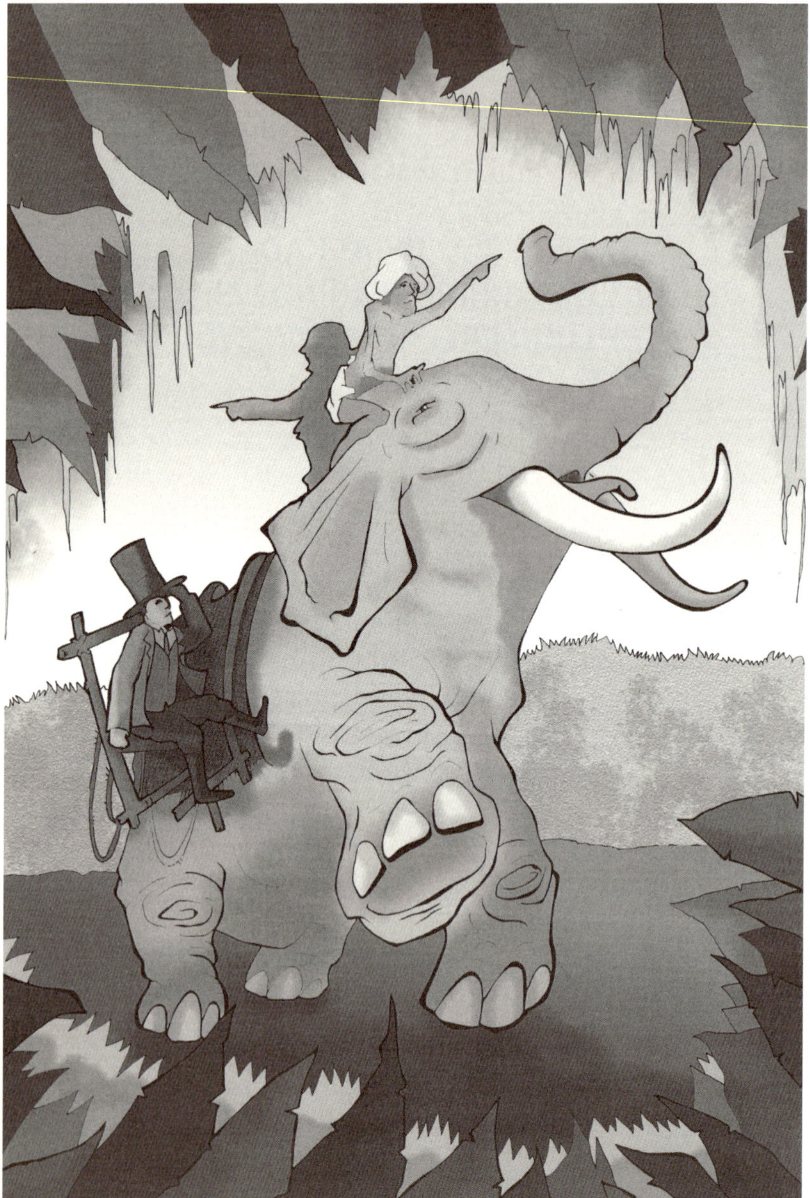

söylenen vahşi Hintli kabilelerin yanından geçtiler. Geceyi, Vindhias Dağları'nın yamacında harabe bir köy evinde geçirdiler. Fil, dışarıda bir ağaca yaslanarak ayakta uyudu. Yolu yarılamışlardı.

Akşam Allahabad'a varmayı planlayarak, sabah altıda yeniden yola koyuldular. Kılavuz güvende olmak için insanların oturduğu yerlere pek yaklaşmıyor, ormanın içinden ilerliyordu. Saat dört civarında, fil birdenbire duruverdi. Belli ki bir şeyden ürkmüştü. Ne olduğunu anlamaya çalışırken, giderek yaklaşan sesler duydular.

"Bir Brahman kafilesi bize doğru geliyor, bizi görmeseler iyi olur," dedi kılavuz. Sık yaprakların ardına gizlenip gözetlemeye başladılar.

Kafilenin başında sivri külahlı, uzun, şatafatlı kıyafetler giymiş rahipler; etraflarında, cenaze ilahisi söyleyen kadınlı erkekli çocuklu bir kalabalık vardı. İlahiye, davul ve zil sesleri karışıyordu. Arkadan, koşumları süslü dört Hint öküzünün çektiği, kocaman tekerlekleri iç içe geçmiş yılan şekillerinden oluşan bir arabada, korkunç bir heykel geliyordu. Dört kolu, kızıla boyanmış gövdesi, karmakarışık saçları, kıpkırmızı dudaklarının arasından dışarı sarkan diliyle korkunç bir heykeldi bu. Boynunda kesik kafalardan bir kolye, belinde kesik ellerden bir kemerle, serilmiş duran kafasız bir devin üzerinde dikilmekteydi.

"Aşk ve ölüm tanrıçası Kali bu," diye fısıldadı Sir Cromarty.

"Ölümü anladık da, aşkla ne alakası var bu mendebur kadının hiç anlayamadım!" dedi Passepartout.

Kılavuz susun işareti yaptı.

Heykelin çevresinde vücutlarındaki yaralardan kanlar sızan yaşlı Hint fakirleri debeleniyorlardı. Arkadan Brahman rahipleri, ayakta zor duran, beyaz tenli, güzel bir kadını sürüklüyorlardı. Kadın şatafatlı giysiler ve mücevherlerle süslenmişti.

En arkadansa silahlı muhafızlar, bir tahtırevan üzerinde, raca giysileri içinde ölü bir adam taşımaktaydılar.

"Bir Sati töreni!" dedi Sir Cromarty. Kılavuz başıyla onayladı ve susmalarını işaret etti tekrar.

Kafile gözden kaybolunca, "Sati de nedir?" diye sordu Bay Fogg.

"Sati, dul kadınları kurban etme törenidir," dedi Tuğgeneral.

"Ya ölü adam?"

"Kadının kocası olan prens, bir raca. Öldüğü için dul eşi de onunla beraber diri diri yakılacak."

"Bu canice geleneğin hâlâ sürdüğüne inanamıyorum," dedi Bay Fogg.

"Öldürülmeyenlerin başına gelenleri hiç tahmin edemezsiniz. Dul kadınların saçları kesilir, bir avuç pirinçle yarı aç yarı tok, toplum dışına itilmiş olarak bir köşede ölür giderler. O yüzden bazıları kendileri ister kurban edilmeyi."

"Bu kadın isteyerek gitmiyor ölüme, herkes biliyor bunu," dedi kılavuz.

"O zaman bu kadını kurtaralım," dedi Bay Fogg, hâlâ on iki saatim var fazladan. Bu iş için harcayabilirim."

XIII

PASSEPARTOUT TALİHİN CESURLARIN YANINDA OLDUĞUNU KANITLIYOR

Soyundukları iş çok tehlikeliydi. Bay Fogg bu işe girişerek, yolculuğun zamanında tamamlanmasını geçtik, özgürlüğünü, hatta hayatını riske atıyordu. Yine de bir an bile tereddüt etmedi. Yol arkadaşları da kararlılıkla desteklediler onu. Kılavuz ise, "Ben de varım bu işe, ama bu işin ucunda korkunç işkencelerle ölmek de var," diye uyardı onları.

"Biliyorum," dedi Bay Fogg.

Kılavuz anlatmaya başladı: Kadının adı Prenses Auda'ydı; güzelliği dillere destandı; Bombaylı zengin bir tüccarın kızıydı; İngiliz eğitimi almıştı; babası ölünce bu yaşlı racayla evlendirilmiş, üç ay sonra dul kalmıştı. Yakılmaktan kurtulmak için kaçmış ama yakalanmıştı.

Bunları duyunca, hiç zaman kaybetmeden kafilenin ardına düşüp, kadını hapsettikleri tapınağın yakınına kadar gittiler. Herkes uykuya daldıktan sonra kapılardan birinden mi girseler, yoksa duvara bir delik mi açsalar daha iyi olurdu acaba? Sonunda geceyi beklemeye karar verdiler.

Karanlık çökünce, çıt çıkarmadan tapınağa yaklaştılar. Tapınağın yüz metre ötesine kocaman bir odun yığını yapılmış, ölü raca tam tepeye yatırılmıştı. Kafiledeki herkes sızıp derin bir uykuya dalmıştı. Ne var ki nöbetçiler, tapınağın meşalelerle aydınlatılan kapısında, ellerinde kılıçlarıyla nöbet tutmaktaydılar.

"Belki birkaç saat sonra onlar da uyuyakalırlar," dedi Sir Cromarty ve beklemeye başladılar.

Zaman geçmek bilmiyordu. Gece yarısı olup da nöbetçilerin uyumaya hiç niyetli olmadıkları anlaşılınca, kapıdan girme planı suya düştü. Bunun üzerine tapınağın duvarına bir delik açmaya karar verdiler. Nöbetçilerden uzak bir duvarın dibine gelip, ellerinde çakılarıyla işe giriştiler. Duvar yumuşaktı ama küçücük çakılarla, hem de gürültü çıkarmadan tuğlaları sökmek hiç de kolay iş değildi. Biraz ilerleme kaydetmişlerdi ki, içeriden bir çığlık yükselmesin mi?

Bizim tayfa hemen kaçıp ağaçlıkların arasına gizlendi. İçeridekiler bir şeyler sezmiş olacaklar ki, hemen o duvara da nöbetçiler gönderildi.

Bizimkilerin düş kırıklıklarını varın siz düşünün! Artık kurbana ulaşma olasılıkları hiç kalmamıştı.

"Bırakıp gitmekten başka çaremiz yok," dedi Sir Cromarty.

"Başka bir şey gelmez elden," diye onayladı kılavuz.

"Durun," dedi Bay Fogg, "Öğleden önce Allahabad'da olsam bana yeter. Sabahı bekleyelim, belki şans bu kez yüzümüze güler."

Sir Cromarty, Bay Fogg'un aklından geçenleri tahmin etmeye çalışıyordu ama imkânsızdı bu.

Bu sırada Passepartout'nun aklına bir fikir gelmişti. Bir yandan, "Delilik bu!" diye düşünse de, "Olabilir belki de, hele de bu sersemler kafilesiyle..." demekten alamıyordu kendini.

Sabahın ilk ışıkları daha doğmadan kafile ayaklandı, yeniden tamtam ve ilahi sesleri yükseldi. Zavallı kadının kurban edilme vakti gelip çatmıştı artık.

İçirilen maddelerin etkisiyle kendinden geçmiş olan kadını tapınaktan çıkartıp, odunların üzerindeki ölü kocasının yanına yatırdılar. Gaz dökülmüş odun yığını, bir meşaleyle tutuşturuldu ve bir anda alev aldı.

Bunu gören Phileas Fogg, elinde çakısı, delice bir cesaretle öne atıldı ama bir yandan kılavuz, diğer yandan Sir Cromarty kollarından yakaladılar onu. Tam kendini kurtarmıştı ki sahne bir anda değişti. Yaşlı raca ölmemişti! Alevlerin içinden doğrulup, karısını kucağına almış, dumanların arasından odun yığınından aşağıya indirmekteydi!

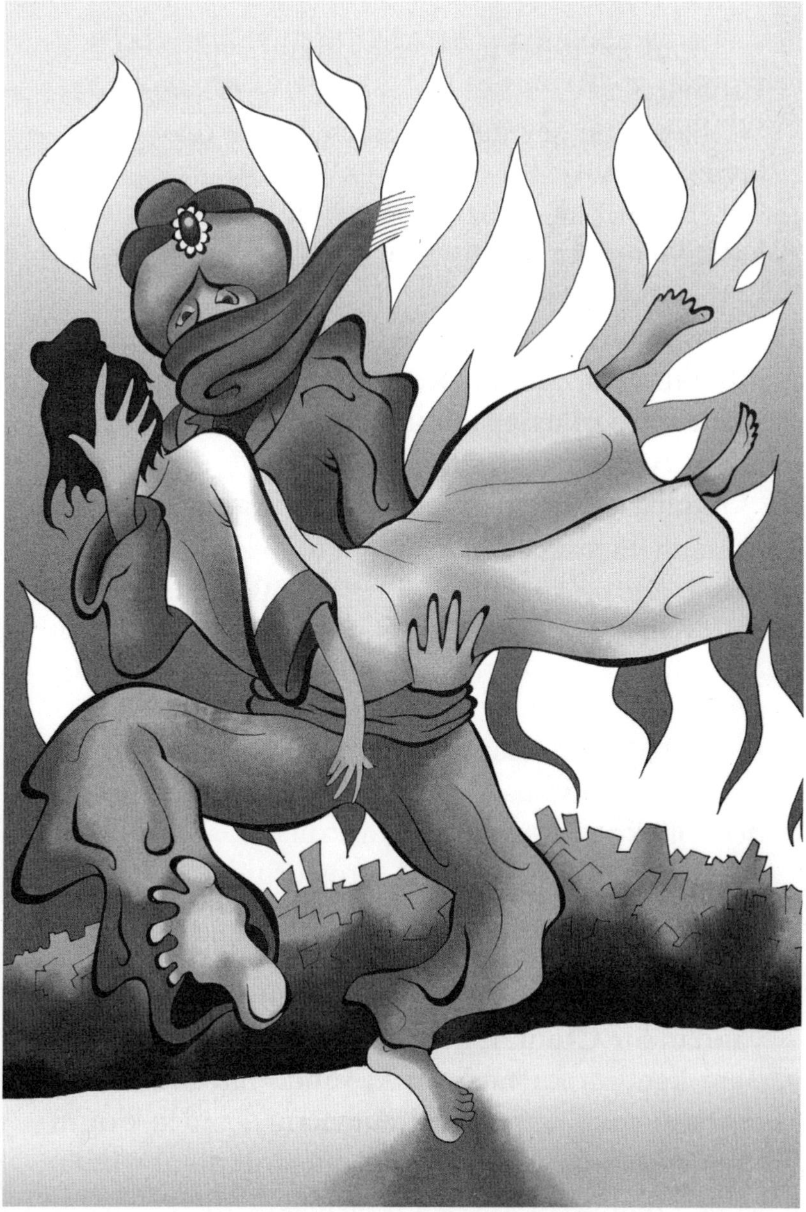

Tören alayındaki herkes, bu mucizevi olay karşısında, gözlerini dikip bakmaya cesaret edemeyerek, büyük bir korkuyla yere kapandı.

Derken dirilen raca, kucağında tüy gibi taşıdığı baygın kadınla, olan biteni şaşkınlıkla izleyen Bay Fogg'la Sir Cromarty'nin yanında bitip, "Kaçalım!" demesin mi?

Passepartout'ydu bu! Koyu dumanların arasına gizlenip genç kadını odun yığınından kaldıran ve kafilenin korkuyla yere kapanmasından yararlanarak kaçıran ta kendisiydi!

Filin üzerine atlayıp, göz açıp kapayana kadar ormana kaçtılar. Yapılan oyunu neden sonra anlayan kafile peşlerine düştüyse de nafile, filin hızına yetişmeleri mümkün olmadı.

XIV

PHILEAS FOGG, GANJ VADİSİ'Nİ İLGİSİZCE GEÇİYOR

Başarmışlardı! Fil koşar adım ormanda ilerlerken, Passepartout yaşlı racanın yerine geçişini hatırladıkça hâlâ gülüyordu. Bay Fogg ve Sir Cromarty kendisini tebrik etmişlerdi; cesur delikanlı pek sevinmişti bu işe.

Saat yedide mola verdiler. Genç kadın hâlâ baygındı. Sir Cromarty kadının geleceğinden endişeliydi. Hindistan'da kalırsa bu caniler mutlaka yakalayıp öldüreceklerdi onu. Bay Fogg ise bu işin de bir çaresini bulacağını söylemekle yetindi.

Saat onda Allahabad'a geldiler. Buradan trene binip, ertesi gün öğlen Kalküta'dan kalkan gemiye rahatça yetişebileceklerdi. Baygın kadın garda bir odada dinlenirken, Passepartout ona gereken giysi ve eşyaları almaya çarşıya koştu.

Bu arada Prenses Auda kendine gelmeye başlamıştı. Çok hoş bir hanımdı doğrusu. İngilizceyi mükemmel konuşuyor, iyi bir eğitim aldığı her hâlinden belli oluyordu.

Tren kalkmak üzereydi. Bay Fogg bekleyen kılavuza ücretini son kuruşuna kadar ödedi ama hiç bahşiş vermedi. Passepartout, cömert efendisinin, bu işte canını tehlikeye atan delikanlıya neden hiç bir ödül vermediğini düşünüp şaşırırken, Phileas Fogg kılavuza dönüp:

"Bize cesaret ve özveriyle hizmet ettin. Bu özverinin karşılığı olarak sana bu fili vermek istiyorum," demesin mi?

Kılavuz da tabii ki büyük bir sevinçle kabul etti servet değerindeki bu ödülü.

Fili çok sevmiş olan Passepartout, Kiuni'ye bir avuç şeker uzattı, sevinen hayvan da hortumuyla onu belinden yakaladığı gibi havaya kaldırdı. Böylece vedalaştıktan sonra yola çıktılar.

Allahabad-Benares (Varanasi) arasındaki iki saatlik tren yolculuğunda, Prenses Auda tamamen ayılıp da kendini Avrupalı giysileri içinde ve yabancı insanlar arasında görünce ne kadar şaşırdı siz tahmin edin.

Sir Cromarty, kaçırma hikâyesini, Bay Fogg'un gözü pekliğinin, Passepartout'nun parlak fikrinin ve cesaretinin üzerinde durarak anlatınca; kadıncağız sözlerinden çok, minnet gözyaşlarıyla teşekkür etti kurtarıcılarına. Ancak hâlâ Hindistan topraklarındaydılar ve tehlike geçmiş değildi.

Bay Fogg, Prenses Auda'ya kendisini Hong Kong'a götürmeyi önerdi. Orada bir akrabası olan kadıncağız da bu öneriyi sevinçle kabul etti.

Saat yarımda tren Benares'te durdu. Sir Cromarty'nin, birliklerinin başına geçmek üzere burada inmesi gerekiyordu. Vedalaşıp ayrıldılar.

Sonra yolculuk, Ganj Vadisi'ni izleyerek, tarlaların, güzel köylerin, timsahlarla dolu göllerin arasından devam etti. Suları bulandırarak geçen buharlı gemiler, kenarlarda yıkanan filler, kaplumbağalar ve dindar insanlarla Ganj Nehri, Gazepur, Patna ve Mongir kentleri, film şeridi gibi akıp geçiyordu pencerelerden.

Derken akşam oldu ve tren, lokomotifin önünden kaçan ayıların, kaplanların, kurtların vahşi sesleri arasında daha birçok kentten geçerek sabah yedide Kalküta'ya ulaştı. Hong Kong gemisinin kalkmasına daha beş saat vardı ve Bay Fogg'un programına göre tam zamanında gelmişlerdi. Arada kazandıkları iki günü, kaçırma olayı nedeniyle kaybetmişlerdi ama Bay Fogg'un hiç de buna hayıflanır gibi bir hâli yoktu doğrusu.

XV

BİRKAÇ BİN STERLİNİN ELDEN ÇIKIŞIYLA ÇANTA HAFİFLİYOR

Phileas Fogg, gemiye kadar yanından ayırmak istemediği Prenses Auda'yla gardan çıkarken, bir polis memuru yaklaştı:
"Bay Phileas Fogg?"
"Benim."
"Ya bu bey, uşağınız mı?"
"Evet."
"İkiniz de benimle gelin lütfen."
Bay Fogg hiçbir şaşırma ifadesi göstermedi. Prenses Auda'yı da alıp, memurla birlikte "palkigari" denilen, iki atlı dört kişilik bir arabaya bindiler.

Önce sefalet içindeki "kara şehirden", sonra kentin tertemiz ve lüks Avrupai semtlerinden geçerek, bir binanın önünde indiler. Memur, tutsakları –gerçekten de öyleydiler– demir parmaklıklı bir odaya götürüp, "Hâkim Obadiah sekizde gelecek" dedi ve gitti.

"Eyvah, yakalandık!" dedi Passepartout, "gemiye de yetişemeyeceğiz."

Prenses Auda, "Benim yüzümden tutuklandınız, beni bırakın," diye yalvarıyordu ama Bay Fogg bu işte bir yanlışlık olduğuna emindi. Kadını Hong Kong'a götürmeye de söz vermişti. "Yetişiriz gemiye," demekle yetindi.

Sekiz buçukta mahkeme salonuna alındılar. Avrupalı ve Hintlilerden oluşan, kalabalık bir dinleyici topluluğu doldurmuştu salonu.

Hâkim Obadiah, yerine yerleşip "Phileas Fogg", dedi.

"Benim."

"Passepartout."

"Burada."

"Pekâlâ. İki gündür Bombay'dan gelen bütün trenlerde sizi arıyoruz."

"Suçumuz nedir?" diye atıldı sabırsızca Passepartout.

"Öğreneceksiniz," dedi ve davacıları çağırttı.

İçeriye üç rahip girdi.

Bunları, Prenses Auda'yı ormandaki tapınakta yakmak isteyen rahipler sanan Passepartout, "Vay hainler!" diye geçirdi içinden, "Demek kadıncağızı sizler yakacaktınız ha!"

Sonra kâtip, sanıkları "Brahman dininde kutsal sayılan bir mekâna saygısızlıkla" suçlayan dava dilekçesini okudu.

"Duydunuz mu?" diye sordu hâkim.

"Evet efendim ve itiraf ediyorum..." diye söz girdi Bay Fogg.

"İtiraf ediyorsunuz yani?"

"İtiraf ediyorum ve bu üç rahibin de tapınağın önünde kurbanlarını nasıl yakmayı planladıklarını itiraf etmelerini istiyorum."

Üç rahip ve hâkim şaşkın şaşkın bakıştılar.

"Bombay'ın ortasında kim kimi yakacakmış?"

"Ne Bombay'ı?" diye bağırdı Passepartout.

"Mallebar-Hill Tapınağı, Bombay'da, evet," dedi hâkim, "Ve işte kanıt olarak sanığın ayakkabıları!" diye tamamladı kâtip.

"Ayakkabılarım!" diye bağırdı şaşkınlıkla Passepartout.

Böylece olay açıklığa kavuşmuş oldu. Passepartout'nun ayakkabıyla girdiği tapınağın rahipleriydi bunlar ve iş, Dedektif Fix'in başının altından çıkmıştı. Tutuklama belgesi henüz eline ulaşmadığından, bu olayı kullanarak Kalküta'da tutmak istemişti Bay Fogg'u. Gidip rahipleri davacı olmaya ikna etmişti ve işte buradaydılar.

"Suçunuzu itiraf ediyorsunuz demek?" dedi hâkim, Passepartout'nun geri almak için her şeyini verebileceği lafı kastederek.

"Evet," dedi sakince Bay Fogg.

"Öyleyse mahkememiz de, Bay Passepartout'nun, 20 Ekim'de Mallebar-Hill Tapınağı'nın kutsal zeminine ayakkabılarıyla basarak saygısızlık etmekten, on beş gün hapis ve üç yüz sterlin para cezasına çarptırılmasına karar vermiştir," diye hükmünü bildirdi hâkim.

"Ve ayrıca, efendiler uşaklarının hareketlerinden sorumlu olduklarından, Bay Phileas Fogg da sekiz gün hapis ve yüz elli sterlin para cezasına çarptırılmıştır," diye ekledi.

Fix, izlediği köşede sevincinden yerinde duramazken, Passepartout o uğursuz tapınağa girip de efendisini hem paradan hem de yolundan ettiği için kendine lanet okumakla meşguldü.

Phileas Fogg ise sakinliğini koruyordu. Elini kaldırıp:

"Kefaletle serbest bırakılmak istiyorum," dedi.

"Bu hakkınız," dedi hâkim, "Her biriniz için bin sterlin ödediğiniz takdirde serbestsiniz."

"Ödüyorum," dedi Bay Fogg.

Kefaleti ödeyip, Passepartout'nun ayakkabılarını da alarak oradan ayrıldılar. Bay Fogg hemen bir araba tuttu ve gemiye yetiştiler.

Bay Fix ise peşlerine takılıp limana gelmişti. Ayağını yere vurarak, "Alçak herif iki bin sterlini gözden çıkardı kaçıyor! Ben de gerekirse onu dünyanın öbür ucuna kadar izleyeceğim, ama bu gidişle ödüle ayrılan para yavaş yavaş suyunu çekeceğe benzer," dedi arkalarından.

XVI

FIX'İN KAFASI KARIŞIYOR

Rangoon adlı gemiyle yolculuklarının ilk günlerinde Prenses Auda, Bay Fogg'u daha yakından tanıma ve her fırsatta ona minnettarlığını ifade etme fırsatı buldu. Bay Fogg ise o her zamanki mesafeli tavrını hiç bozmuyor, en küçük bir heyecan belirtisi bile göstermiyordu. Genç kadının bir eksiğinin kalmaması için elinden ne geliyorsa ardına koymuyor, ama kurulmuş bir robot gibi yapıyordu bütün bunları. Passepartout, kadıncağıza efendisinin tuhaf karakterini ve giriştiği bahsi anlatmış; o da gülümsemekle yetinmişti.

Prenses Auda, kılavuzun anlattığı acıklı öyküyü doğrulamıştı. Hong Kong'daki akrabasının zengin ve itibarlı bir tüccar olduğu anlatmıştı, ama yanına sığınıp, destek görebileceğinden pek emin değildi. Bay Fogg ise her şeyin otomatikman hallolacağını söyledi ona. Genç kadın minnettardı, "göller kadar berrak" gözlerini Bay Fogg'dan ayıramıyordu. Soğuk nevale beyimizinse, bu göle dalmaya hiç niyeti yok gibi görünüyordu.

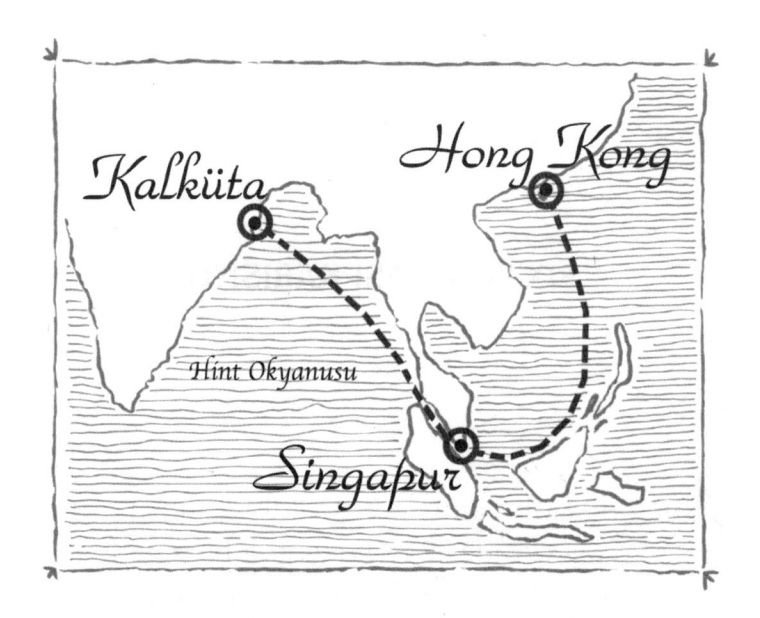

Bengal Körfezi'ni sorunsuzca geçtiler. Palmiyeler, bambular, dev eğrelti otlarıyla kaplı muhteşem Andaman Takımadaları'nı uzaktan gördüler. Sonra gemi, Çin Denizi'nin girişi olan Malakka Boğazı'na ulaştı.

Bu arada Dedektif Fix de gemiye binmiş, Passepartout'ya görünmemek için gizleniyordu. Tutuklama belgesinin, son İngiliz toprağı olan Hong Kong'a yetişmesini, böylece hırsızı nihayet yakalayabilmeyi umuyordu. Çin, Japonya ve Amerika'da bu belge yeterli olmayacaktı artık. "Belge buraya da yetişmezse, Bay Fogg'u Hong Kong'da tutmanın bir yolunu bulmak şart!" diyordu içinden.

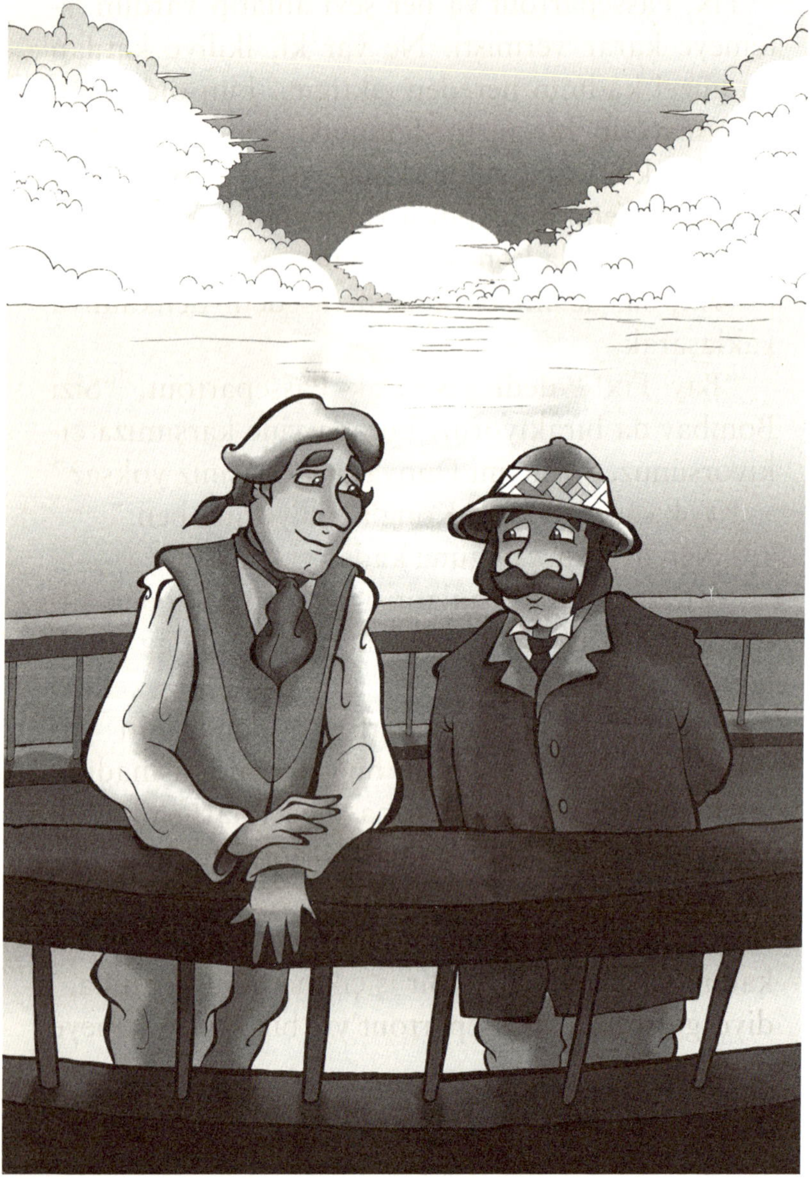

Fix, Passepartout'ya her şeyi anlatıp yardım istemeye karar vermişti. Ne var ki, ikiliye katılan bu güzel kadının nereden çıktığını, kim olduğunu çözemiyordu bir türlü. Sonunda kadını kaçırmış olabilecekleri bile geldi aklına ve "İyisi mi," dedi içinden, "gemi Singapur'a varmadan bir gün önce Passepartout'yla konuşup ağzını arayayım."

"Ah, siz de mi buradasınız?" dedi delikanlıya yaklaşarak.

"Bay Fix!" dedi şaşırarak Passepartout, "Sizi Bombay'da bırakıyoruz, burada yine karşımıza çıkıyorsunuz. Siz de mi Dünya turundasınız yoksa?"

"Yok canım, Hong Kong'a gidiyorum ben."

"Neredeydiniz bugüne kadar peki?"

"Sormayın, mide bulantısı yatağa serdi beni, ancak bugün kalkabildim. Efendiniz Bay Fogg nasıllar?"

Bunun üzerine Passepartout, efendisinin gayet iyi olduğunu, planının bir gün bile şaşmadığını, Prenses Auda'yı kaçırma maceralarını, kadını Hong Kong'daki bir akrabasına götürdüklerini bir bir anlattı Fix'e.

Fix yine düş kırıklığına uğramıştı. İçinden "Tüh, kadını kaçırmamışlar! Bir iş çıkmadı buradan da," diye geçirdi ve Passepartout'yu bir şeyler içmeye davet etti.

XVII

SİNGAPUR'DAN HONG KONG'A GİDERKEN NELER OLUYOR NELER

Sonraki günlerde Passepartout'yla dedektif sık sık buluştular. Fix uşağı şüphelendirmemeye çalışsa da, Passepartout'nun aklı bu tuhaf tesadüfe takılmıştı. Bu samimi ve kibar görünüşlü beyefendi, adım adım Bay Fogg'u takip ediyor gibiydi. Peki, kimdi aslında bu adam? Passepartout, Fix'in Hong Kong'dan sonra da peşlerinden ayrılmayacağına, incili çarıkları üzerine bahse girebilirdi artık.

Tabii, Fix'in bir polis olduğunu ve Bay Fogg'u hırsız diye izlediğini asla tahmin edemezdi. Düşündü düşündü, sonunda aklında bir şimşek çaktı: Bu Fix, hiç kuşkusuz bahis arkadaşları tarafından Bay Fogg'un peşine takılmış bir ajandı ve söylediği rotaya uyup uymadığını kontrol ediyordu!

"Tabii ya! Tabii ya!" dedi kendi kendine, "Ama hiç yapılacak şey mi bu, benim dürüst efendime!"

Üzülmesin diye, bundan Bay Fogg'a hiç söz etmemeye karar verdi.

Gemi Malay Yarımadası'yla Sumatra'yı ayıran Malakka Boğazı'ndan geçerek, 31 Ekim'de Singapur'a yanaştı.

Prenses Auda biraz gezmek isteyince, Bay Fogg da ona eşlik etti. Tropik bitkilerle, meyve ağaçlarıyla kaplı adayı gezip döndüler ve Passepartout'nun çarşıdan aldığı lezzetli mangustan meyvelerini yediler.

Sonra da gemi, Singapur'dan aldığı kalabalık yolcu topluluğuyla demir aldı ve dünyanın en güzel kaplanlarının yaşadığı Malakka ormanlarını geride bırakarak, burnunu Hong Kong'a çevirdi.

Bay Fogg, 6 Kasım'da kalkacak olan Yokohama gemisine yetişmek istiyordu, ama o güne kadar güzel giden havalar birden bozdu ve gemi Çin Denizi'nin azgın dalgalarıyla boğuşurken, hızını kesmek zorunda kaldı. Bay Fogg bu gecikmeler karşısında sakinliğini koruyor; Passepartout ise sinirini yenemeyip, gemi mürettebatına atıp tutuyordu durmadan.

Yine böyle bir gün, Fix, "Çok aceleniz var galiba?" diye sordu Passepartout'ya.

"Hem de çok! Yokohama'dan kalkan gemiye yetişmemiz şart."

"Bu Dünya turu işine inanmaya başladınız demek?"

"Kesinlikle. Ya siz?"

"Ben mi? Tabii ki hayır!"

"Atmasyonculuk ha!" dedi bunun üzerine Passepartout göz kırparak.

Bu söz Dedektif Fix'i bayağı işkillendirdi. Uşak işin aslını anlamış mıydı acaba?

Bir başka gün Passepartout dilini tutamayıp daha da ileri gitti:

"Ee, Bay Fix, Hong Kong'da bizden ayrılmayacağınızı umarım?"

"Şey, bilmem ki..." diye kemküm etti Fix.

"Bize eşlik etseniz ne güzel olur. Bombay derken buralara kadar geldiniz. Amerika'ya gitmek sizin için nedir ki?"

Fix işkillenmişti. Yine de, bu gülen dostane yüze bakıp, beraberce gülmekle ve "En azından yolculuk parası cebimden çıkmıyor," demekle yetindi.

Fakat uşak imalı imalı "Bundan eminim," diye yanıt verince, odasına gidip kara kara düşünmeye başladı. Polis olduğunu anlamış mıydı acaba? Efendisine söylemiş miydi? O da suç ortağı mıydı yoksa? Düşündü düşündü, en sonunda, eğer Hong Kong'da Bay Fogg'u tutuklayamazsa, her şeyi olduğu gibi Passepartout'ya anlatmaya karar verdi.

Bay Fogg ise her şeyden habersiz, kayıtsızca devam etmekteydi yolculuğuna. Güzelim Prenses Auda'nın cazibesinden de, minnettar bakan gözlerinden de hiç etkilenmişe benzemiyordu.

XVIII

FIRTINA

Yolculuğun son günlerinde şiddetli bir fırtına çıktı. Rüzgâr hızını artırınca bütün yelkenler toplanmış ve gemi durduğu yerde bir aşağı bir yukarı inip kalkmaya başlamıştı. Eğer böyle giderse limana zamanında varamayacaklardı.

Ne var ki Bay Fogg, yine hiç telaşa kapılmadan denizi seyretmekle yetiniyordu. Bir kez bile kaşını çattığını gören olmamıştı. Passepartout yerinde duramayıp, kabaran denize ve şiddetlenen rüzgâra söverken; o sakince fırtınanın dinmesini bekliyordu.

Dedektif Fix'i sorarsanız, doğrusu çok sevinçliydi. Hong Kong'a geç gitmek demek, Bay Fogg'u tutuklamak için en az birkaç gün kazanmak demekti. Altüst olan midesine rağmen, fırtınanın sürmesini diliyordu içten içe. İyi ki Passepartout onun bu düşüncelerini sezmedi, yoksa hiç kuşku yok iyice bir tepelerdi adamı.

Sonunda fırtına 4 Kasım'da dindi ve gemi yola tam hız devam etti. Yine de aradaki gecikmeyi kapatmak olanaksız olduğundan, Hong Kong'a bir gün gecikmeyle varılabilecekti. Bu da Yokohama gemisini kaçıracakları anlamına geliyordu. Passepartout hop oturup hop kalkıyor; Fix, "Bir sonraki gemiye binersiniz ne olacak?" dedikçe de, öfkeden köpürüyordu.

Kılavuz kaptan gemiyi limana yanaştırmak için *Rangoon*'a binince, Bay Fogg en sakin hâliyle gelip Yokohama gemisinin ne zaman kalkacağını sordu.

Kılavuz, "Yarın sabah, sular yükselince," diye yanıtladığında da hiç bir şaşırma belirtisi göstermedi. Oysa Passepartout adamın boynuna sarılıp öpecek kadar sevinmiş, Fix ise o boğazı sıkmak isteyecek kadar sinir olmuştu bu işe.

"Geminin adı nedir?" diye sordu Bay Fogg.

"*Carnactic*," dedi kılavuz.

"O, dün kalkacak gemi değil miydi?"

"Öyleydi de, kazanlarından biri bozulunca, kalkış yarına ertelendi."

Şans yine Phileas Fogg'un yüzüne gülmüştü. Gemi zamanında kalkmış olsa, bir sonraki gemi için Hong Kong'da sekiz gün beklemeleri gerekecekti. Şimdi bir günlük bir kayıpları vardı ama bu kaybı, Yokohama ile San Francisco arasındaki yirmi iki günlük yolculukta kapatabilirlerdi belki.

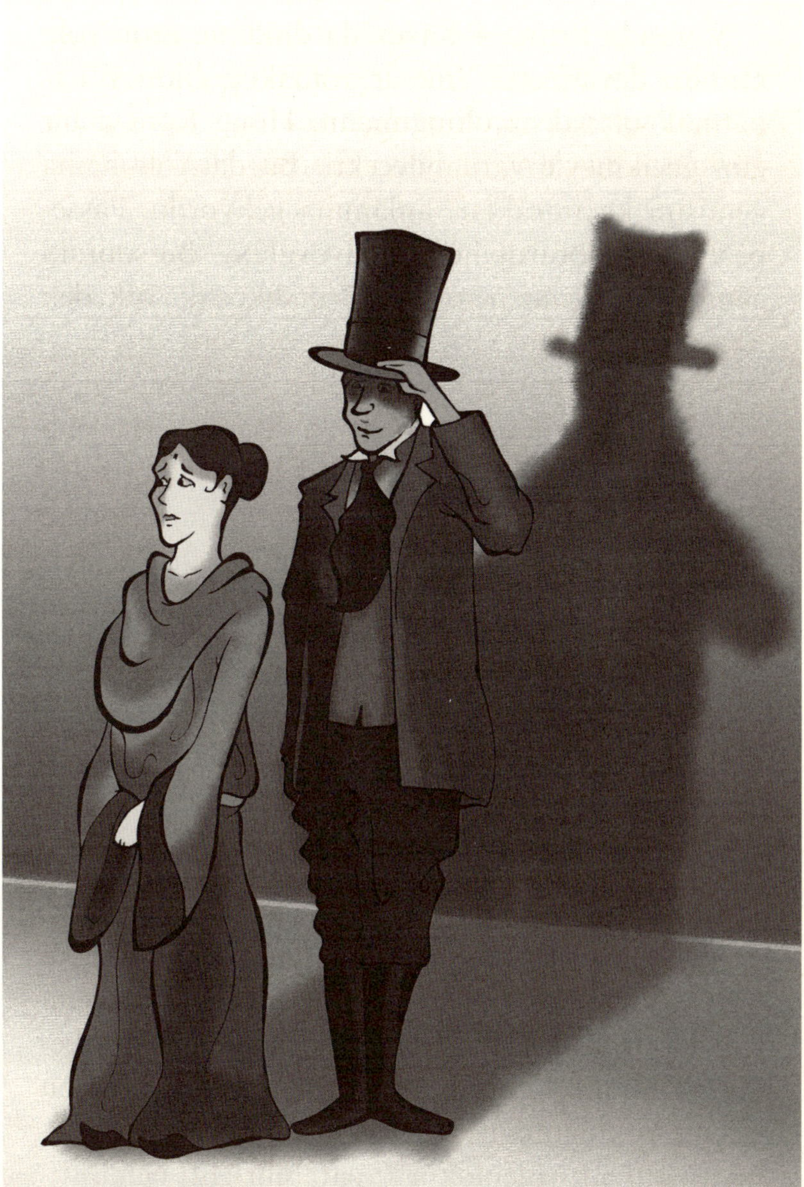

Carnatic ertesi sabah kalkacağından; Bay Fogg, Prenses Auda'nın işleriyle rahat rahat ilgilenebildi. Genç kadını bir otele yerleştirdikten sonra, yalnız kalmasın diye uşağını onun yanında bırakarak, hemen Hong Kong'lu akrabayı aramak için yola çıkıp borsaya gitti. Zengin bir tüccarı aramak için en iyi yer burası diye düşünmüştü. Gerçekten de adamı tanıyan bir komisyoncu buldu. Ancak adam iyi bir servet edindikten sonra, iki yıl önce Avrupa'ya gitmişti.

Hemen geri döndü ve Prenses Auda'ya haberi verdi. Genç kadın düşüncelere daldı ve nihayet o tatlı sesiyle:

"Ne yapacağım ben?" diye sordu.

"Benimle Avrupa'ya gelin."

"Nasıl olur..."

"Çok iyi olur. Zaten varlığınız benim programımı hiç aksatmıyor. Passepartout?"

"Evet efendim."

"Gidip gemiye bizim için üç bilet alın lütfen."

XIX

PASSEPARTOUT EFENDİSİNE AŞIRI BİR İLGİ GÖSTERİYOR

Hong Kong, 1842 yılında Nanking Antlaşması'yla Çinlilerden İngilizlere geçen küçük bir adadır.* İngilizlerin sömürgecilik dehasıyla, burada büyük bir şehir ve Victoria Limanı kurulmuştur. Anlayacağınız; dokları, hastaneleri, depoları, asfalt yollarıyla, Çin'in burnunun dibinde önemli bir İngiliz ticaret kentidir burası.

Dolayısıyla da Passepartout, elleri ceplerinde limana inince; Bombay, Kalküta veya Singapur'a benzeyen bir kentle karşılaştı. Çinliler, Japonlar, Avrupalılar ve her milletten ticaret gemileri doldurmuştu limanı. Biraz dolaşıp, berberde "Çin tıraşı" olduktan sonra gemiye döndüğünde, rıhtımda bir karış suratla dolaşan Fix'le karşılaştı.

---

* Bu anlaşma 1997 yılında sona erdi ve Hong Kong, Çin'e geri verildi.

"Reform Kulübü'nün beylerinin canı sıkıldı besbelli," diye düşünerek, Fix'in yanına gitti.

Fix'in surat asmak için haklı nedenleri vardı. Tutuklama belgesi buraya da gelmemişti ve bu son İngiliz kentinde de Bay Fogg'u tutuklayamazsa, adamı elinden kaçıracaktı.

"Ee Bay Fix, Amerika'ya gelmeye karar verdiniz mi?"

"Evet," dedi Fix dişlerini sıkarak.

"Bizden ayrılamayacağınıza emindim zaten," dedi uşak bir kahkaha patlatıp, "gelin de bilet alalım."

Bilet alırken, geminin tamirinin bittiğini ve gece sekizde kalkacağını öğrendiler.

Passepartout hemen koşup haberi efendisine vermeye davrandı. Oysa Fix ani bir kararla tüm gerçeği kendisine anlatmaya karar vermişti. Tutuklama emri gelinceye kadar Bay Fogg'u Hong Kong'da tutmanın tek yolu buydu. Bu yüzden de çıkışta Passepartout'yu yolundan alıkoyup, bir şeyler içmeye davet etti. Saf delikanlı da, daha zamanı olduğunu düşünerek kabul etti.

Birlikte bir hana gidip iki şişe porto ısmarladılar. Önce havadan sudan konuştular. Sonra söz Fix'in gemiye binmesine geldi. Gemi denince Passepartout görevini hatırlayıp, efendisine haber vermek için kalkmak istedi ama Fix durdurdu onu:

"Durun bir dakika size efendinizle ilgili ciddi şeyler anlatacağım."

"Nedir?"

"Kim olduğumu anladınız mı?"

"Tabii ki!" diye yanıtladı Passepartout. Fix'in nihayet Reform Kulübü'ndekilerin casusu olduğunu itiraf edeceğini sanmıştı: " Öncelikle söyleyeyim, o beyler boşuna masraf ediyorlar."

"Ama elli beş bin sterlin söz konusu burada!"

"Nee? Ben bahis yirmi bin sanıyordum! Bir saniye kaybetmeye gelmez, hemen koşuyorum."

"Durun, başarırsam benim payıma iki bin sterlin düşecek. Siz de bana yardım etmeniz karşılığı beş yüz papel kazanmaya ne dersiniz?"

"Yardım etmek mi?" dedi gözleri fal taşı kadar açılan uşak.

"Bay Fogg'u birkaç gün Hong Kong'da tutmak için."

"İyi ama düpedüz tuzak bu! Efendimi takip ettirdikleri yetmiyormuş gibi, bir de bahsi kazanmak için geciktirmeye çalışmak ha! Reform Kulübü'nün soylu beylerine hiç yakışıyor mu bu?"

Bu kez şaşırma sırası Fix'teydi.

"Kim sanıyorsunuz siz beni kuzum?"

"Reform Kulübü'ndeki bahisçi beylerin, efendimin peşine taktığı bir ajan! En baştan anladım ne mal olduğunuzu ama Bay Fogg'a bir şey söylemedim."

"Hiçbir şey bilmiyor yani?"
"Yok."

Bu sözler üzerine uşağın suç ortağı olmadığını anlayan Fix, gerçek kimliğini açıklayıp açıklamamak konusunda bir an kararsız kaldı. Ama sonra, hırsızı Hong Kong'da tutmak uğruna, her şeyi açıklamaya karar verdi.

Görev belgesini göstererek, sandığı gibi bir ajan olmadığını, polis dedektifi olduğunu, İngiltere Merkez Bankası'ndan elli beş bin sterlini çalan hırsızın eşkâlinin tıpatıp Bay Fogg'a benzediğini ve kendisinin de, onu tutuklamak üzere takip ettiğini bir bir açıkladı.

"Bu bahis saçmalığı, kaçmak için bir bahaneden başka bir şey değil," dedi.

"Hadi canım! Efendim dünyanın en dürüst insanıdır!" diyerek yumruğunu masaya vurdu uşak.

"Nereden biliyorsunuz? Yola çıktığı gün girdiniz hizmetine. İçi deste deste parayla dolu bir çantayla, saçma bir bahaneyle yolculuğa çıktınız."

Passepartout'nun kafası allak bullak olmuştu. Prenses Auda'yı kurtaran bu cömert ve kahraman adam bir hırsız olabilir miydi?

"Benden ne istiyorsunuz?" diye sordu.

"Tutuklama belgesi elime geçinceye kadar Bay Fogg'u burada tutmama yardım ederseniz, para ödülünü paylaşırız."

"Asla! Bakın Bay Fix..." diye söze girdi Passepartout. Fark etmeden çok içmiş, aklı bulanmaya başlamıştı. "Ben efendimin... yani o hırsız olamaz... cömerttir... ihanet mi... yok, bizde böyle hainlik olmaz..." dedi sarhoşluktan dili dolaşarak.

Bunu duyan Fix iyice anladı ki, dürüst uşak bu işe yanaşmayacak. Planını hemen değiştirip Passepartout'yu iyice sarhoş etmeye karar verdi. Böylece efendisine geminin kalkacağını haber veremeyecek, Bay Fogg da gemiyi kaçırıp, Hong Kong'ta kalacaktı. Dediğini yaptı, Passepartout'yu iyice sarhoş etti ve sızan uşağı handa bırakıp çıktı.

XX

DEDEKTİF FIX, PHILEAS FOGG'LA TANIŞIYOR

Bu sırada Bay Fogg, her şeyden habersiz, Prenses Auda'ya uzun yolculuk sırasında gerekecek giysi ve eşyaları almakla uğraşıyordu. İşleri bitince otele dönüp yemek yediler, Prenses Auda odasına çıktı, Bay Fogg da gazete okumaya daldı. Gemi ertesi gün kalkacağından, uşağının gelmeyişinin üzerinde pek de durmadan yatmaya gitti.

Sabah uşağı yine ortalarda görünmeyince, çantasını toplayıp Prenses Auda'yla birlikte rıhtıma yollandı, fakat rıhtıma ulaştıklarında geminin dün akşam kalktığını öğrendiler.

Bay Fogg, yine en ufak bir düş kırıklığı belirtisi göstermeksizin, kaygıyla kendisine bakan Prenses Auda'ya, "Olur böyle aksaklıklar," demekle yetindi.

Tam o sırada Dedektif Fix geldi yanlarına:

"Siz de dün gelen geminin yolcularındansınız değil mi?"

"Evet," dedi mesafeli bir şekilde Bay Fogg, "siz de..."

"Ben uşağınızla buluşacaktım."

"Nerede kendisi? Dünden beri ortada yok!" dedi Prenses Auda kaygıyla.

"Sizinle değil mi?" dedi Fix şaşırmış gibi yaparak.

"Hayır. Belki de gemiye binmiştir?"

"Sanmam... Siz de mi o gemiye binecektiniz? Tüh! Kazan tamiri erken bitince, on iki saat önce kalkmış gemi. Bir sonraki ise sekiz gün sonra!"

"Sekiz gün" derken Fix'in içi içine sığmıyor, sonunda hırsızı yakalayabileceğini düşünüyordu. Ne var ki Bay Fogg sakince, "Rıhtımda başka gemiler de olmalı," diyerek, Prenses Auda'yla birlikte gemi arayışına çıkmasın mı? Fix de mecburen peşlerine takıldı tabii.

Üç saat bir sonuç alamadan gemi aradılar. Derken, yanlarına bir adam yaklaştı:

"Beyefendi bir gemi mi arıyorlar acaba?"

"Evet, hızlı ve yola çıkmaya hazır bir geminiz mi var?"

"Evet, bir kılavuz teknem var. Nereye gideceksiniz?"

"Yokohama'ya!"

"Beyefendi şaka yapıyor olmalılar," dedi şaşıran kaptan. "Bu imkânsız!"

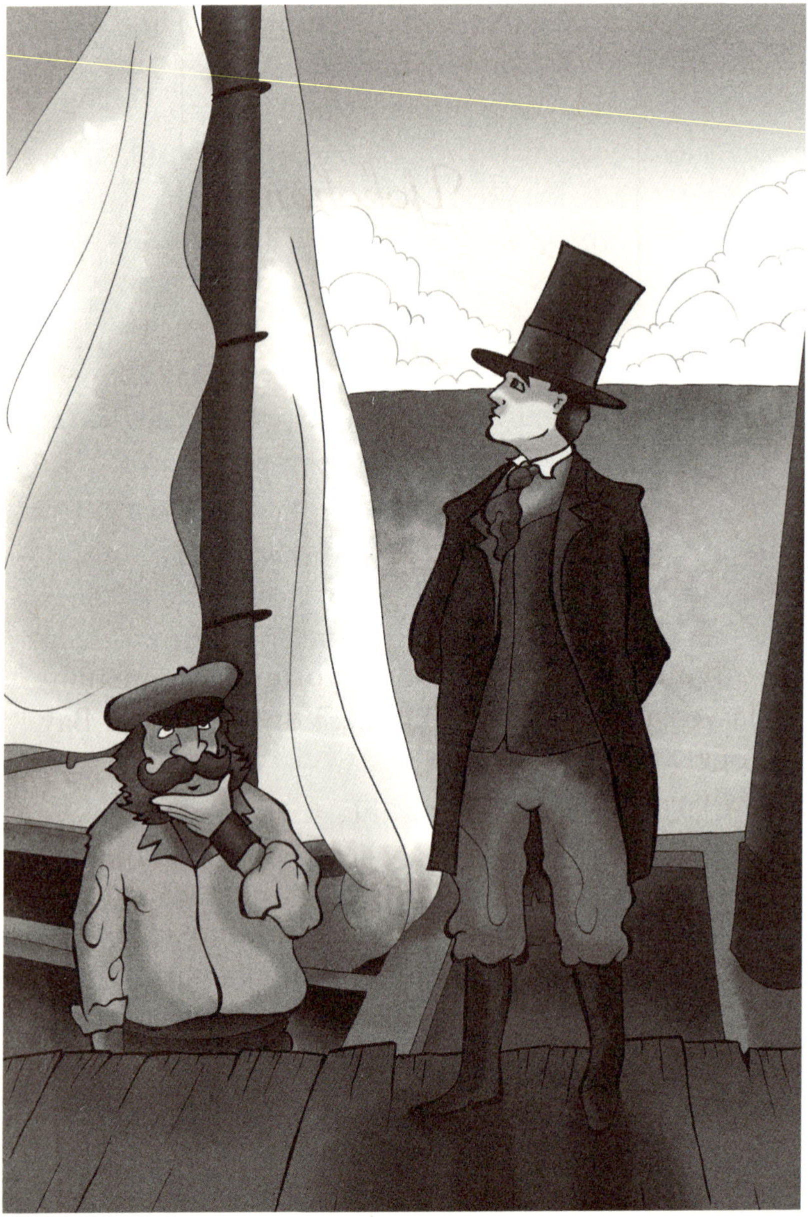

Yokohama

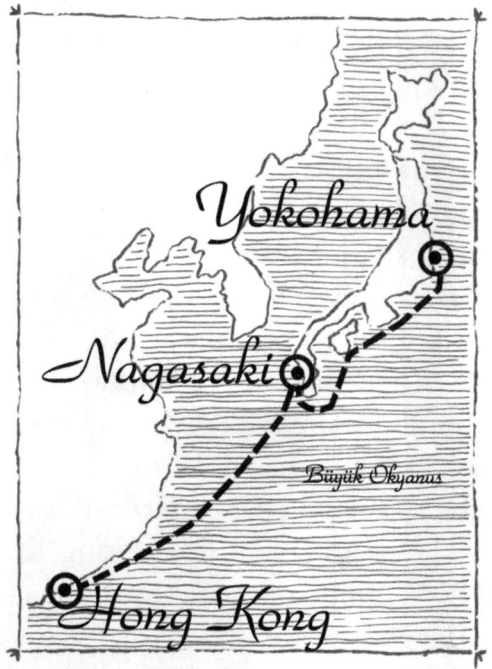

Nagasaki

Büyük Okyanus

Hong Kong

"Günde yüz sterlin öneriyorum ve zamanında yetişirsek fazladan iki yüz," diye yanıtladı Bay Fogg.

"Gerçekten mi?"

"Gerçekten."

Kaptan biraz düşündü. Bu mevsimde bu tekneyle Yokohama'ya gitmek olanaksızdı. Bunu açıkladıktan sonra, "Ama başka bir teklifim var size," dedi.

"Nedir?"

"Sizi daha yakın olan Nagazaki'ye veya Şanghay'a götürebilirim."

"Ama ben Yokohama'dan Amerika'ya kalkan gemiye yetişmek istiyorum."

"Tamam, sorun yok. O gemi 11 Kasım'da Şanghay'dan kalkıyor zaten. Her şey yolunda giderse yetişebiliriz."

Anlaşma yapılmıştı. *Tankadere* adlı kılavuz teknesi bir saat içinde kalkacaktı. Bay Fogg, sinirden yerinde duramayan Dedektif Fix'e, kendisinin de Şanghay'a gelmek isteyip istemediğini sormuş, o da çaresiz kabul etmişti. Bir yandan da Bay Fogg'un nezaketini kötüye kullandığı için utanıyordu.

"Çok kibar bir namussuz doğrusu bu adam, ama namussuz işte!" diye geçirdi içinden.

Geriye bir tek kayıp Passepartout sorunu kalıyordu. Bay Fogg bu sorunu da, Hong Kong Polis Müdürlüğü'ne gidip, delikanlının geriye dönmesi için gerekli parayı bırakarak çözdü.

Üçü birden tekneye bindiler. *Tankadere* bir gezi teknesine benzese de, yiğit bir denizci olan kaptan insana güven veriyordu.

Son bir kez rıhtımda Passepartout'yu aradı gözleri ve denize açıldılar.

XXI

TANKADERE'NİN KAPTANI, İKİ YÜZ STERLİNLİK ÖDÜLÜ KAÇIRACAK MI?

Bu kadar küçük bir kılavuz teknesiyle bu kadar uzak bir menzile açılmak, tam bir maceraydı doğrusu. Hele de Çin Denizi'nde korkunç rüzgârların eksik olmadığı kış mevsiminde. Ne var ki kaptan, teknesine güveniyordu ve haksız da sayılmazdı.

"Size olabildiğince hızlı gitmemiz gerektiğini hatırlatmama gerek yok sanırım," dedi Bay Fogg kaptana.

"Beyefendi bu işi bana bırakın. Yelkenleri fora ettik gidiyoruz," diye yanıt verdi kaptan da.

Dalgalar üzerinde ilerlerken, Bay Fogg gerçek bir denizci gibi dimdik denize bakıyordu. Prenses Auda oldukça heyecanlıydı. Dedektif Fix ise düşüncelere dalmıştı: Besbelli ki Bay Fogg'un planı, kapağı bir an önce Amerika'ya atıp, yasanın elinden kurtulmaktı. Peki, neden İngiltere'den doğruca Amerika'ya gitmemişti acaba? Ya Amerika'ya ulaşınca, Fix ne yapacaktı? Adamın peşini bırakacak mıydı yani? "Hayır!" dedi kendi kendine. "Sonuna kadar izleyeceğim onu!"

Bu arada tuhaf bir şekilde kaybolan uşağına ne olduğunu düşünen Bay Fogg, onun bir şekilde gemiye bindiği kanısındaydı ve Yokohama'da yeniden karşılaşacaklarını umuyordu.

Ertesi gün öğle saatlerinde Bay Fogg ve Prenses Auda öğle yemeğine Fix'i de çağırdılar. Bilindiği üzere deniz tutmasından muzdarip olan dedektif, istemeye istemeye katıldı onlara. Peşinde olduğu adamın kesesinden yemek de utanç veriyordu ayrıca. Yemek bitince, "Beyefendi," dedi. (Ah, "beyefendi" demek ne kadar zoruna gidiyor, "beyefendinin" boğazına sarılmamak için kendini ne kadar zor tutuyordu bir bilseniz.)

"Sizin kadar zengin olmasam da, yolculuk için payıma düşeni ödemek istiyorum."

"Hiç gerek yok," diye yanıtladı Bay Fogg üstelemeye izin vermeyen bir tonla, "genel yolculuk giderlerine dâhil zaten."

Fix iç sıkıntısıyla eğilip selam verdi ve o gün bir daha hiç konuşmadı.

Gün boyu deniz iyiydi ve çok hızlı yol aldılar. Kaptan sevinçle Bay Fogg'a Şanghay'a zamanında varabileceklerini söyledi durdu.

Sabaha karşı, Tayvan (Formoza) Adası'yla Çin arasındaki boğazdan geçerken (böylelikle Yengeç

Dönencesi'ni de aşıyorlardı), akıntılar ve dalgalar yüzünden güç anlar yaşadılar. Sabahla beraber rüzgâr da şiddetlendi ve barometre fırtınanın yaklaştığını haber verdi.

"Korkarım tayfun geliyor," dedi kaptan, Bay Fogg'a.

"Hangi yönden?"

"Güneyden."

"İyi o zaman," dedi sakince Bay Fogg, "bizi Şanghay'a doğru iteceğine göre sorun yok."

"Tamam," dedi kaptan, "siz öyle diyorsanız..." ve tayfundan korunmak için gereken bütün önlemleri alarak yola devam etti. Bir tanesi hariç bütün yelkenler indirilmiş, ambar kapakları içeri su sızmayacak şekilde sımsıkı kapatılmış ve *Tankedere*, güçlü rüzgârın önünde kuş tüyü gibi havalanarak ilerlemeye başlamıştı. Tam gaz giden bir lokomotifin dört katından daha hızlıydı desek yalan olmaz.

Gün boyu, kaptanın ustalığı sayesinde tepetaklak olmaktan kıl payı kurtularak dev dalgaların tepesinde ilerlediler. Fix içinden sövüp sayıyor; Prenses Auda ise, tayfun bile programındaymışçasına sakinliğini kaybetmeyen Bay Fogg'un soğukkanlılığını hayranlıkla izliyordu.

Geceye doğru rüzgâr yön değiştirdi. Kuzey batıdan esmeye, gemiyi yandan sallamaya başladı ve fırtına daha da şiddetlendi. Bunun üzerine kaptan, gemiyi limanlardan birine çekmek istedi ama Bay

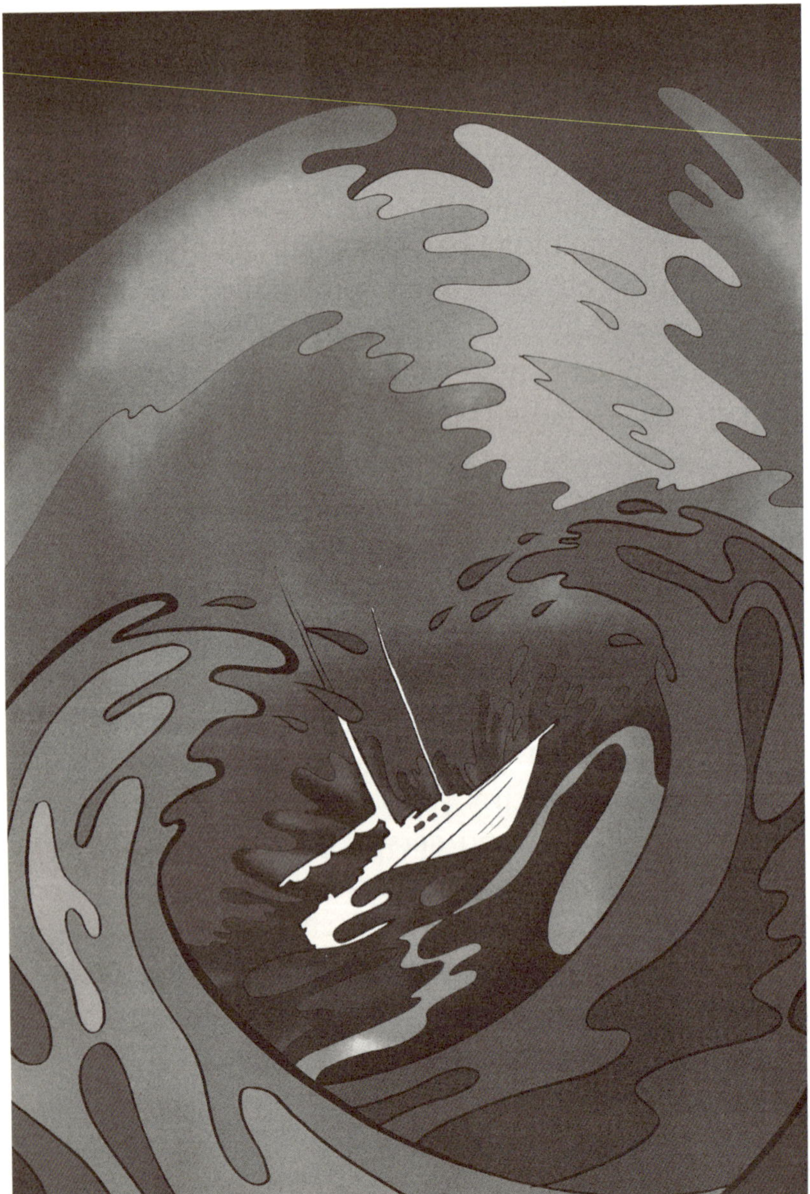

Fogg kabul etmedi. Korkunç bir gece geçirdiler. Teknenin batmamış olması bir mucizeydi.

Sabah fırtına aynı şekilde sürüyordu. Etrafta başka tek bir gemi yoktu ve *Tankedere* yalpalaya yalpalaya yoluna devam etti. Öğlen hava biraz yatışınca, yorgunluktan bayılacak hâle gelmiş olan yolcular biraz bir şeyler yiyip, dinlendiler. Gece sakin geçti. Sabah gün doğduğunda, kaptan bir günlük yolları kaldığını hesapladı. Gemiyi yakalayabilmek için, akşama Şanghay'da olmaları gerekiyordu.

Bu fırtına gerçekten de çok zaman kaybettirmişti *Tankedere*'ye. Bütün yelkenler fora edildi fakat bu kez de rüzgâr yeterli değildi tam hız gitmeye.

Saat yedide hâlâ üç millik yolları kalmıştı. İki yüz sterlinlik ödül elden kaçacaktı galiba! Kaptan umutsuzlukla bir küfür savurdu ve tam o anda, ufukta kapkara bir duman yükseldi. Zamanında kalkan geminin bacasından çıkan dumandı bu. Gerçekten de kaçırmışlardı gemiyi!

Bay Fogg ne yaptı derseniz, bütün serveti buna bağlı değilmiş gibi telaşsız, "İşaret atışı yapın ve bayrağı yarıya indirin!" dedi sakince.

Bayrak indi. Geminin burnundaki bronz top hemen barutla dolduruldu ve Bay Fogg'un ateş emrini vermesiyle, "Gümm!" diye bir ses duyuldu.

XXII

PASSEPARTOUT DÜNYANIN ÖBÜR UCUNDA BİLE CEPTE PARA OLMASI GEREKTİĞİNİ ANLIYOR

7 Kasım akşamı Hong Kong'dan ayrılan *Carnactic*'in, Bay Fogg adına ayırtılan iki kamarası boş kalmıştı.

Ertesi sabah, geminin ön tarafında sersem sersem, sallana sallana yürüyen, saçı başı dağılmış bir adam gören yolcular çok şaşırdılar. Yeni yeni kendine gelen Passepartout'dan başkası değildi bu. Fix onu sızmış hâlde bıraktıktan birkaç saat sonra, yerine getiremediği görevin bilinciyle ayılır gibi olmuş, "*Carnactic, Carnactic!*" diye sayıklayarak handan çıkmış, gemiye kadar sürüklenerek gitmiş ve son anda kapağı gemiye atarak bayılmıştı. Temiz deniz havasıyla iyice kendine gelince, bir gün önce olanları yavaş yavaş hatırladı.

"İyice sarhoş olmuşum yahu! Bay Fogg ne diyecek acaba? Neyse ki gemiye yetiştim," diye geçirdi içinden.

Sonra aklına Fix geldi. "Bay Fogg hırsızmış ta, bankadan paraları çalmışmış da... Daha neler!" diye saydırırken, bir yandan da olanları efendisine anlatsa mı, anlatmasa mı diye düşünüyordu. Nihayet, kalkıp Bay Fogg'la Prenses Auda'yı aramaya karar verdi. Ancak ne güvertede ne de salonda göremedi onları. Kabin amirine gidip, gemide yanında genç bir bayan olan bir beyin bulunup bulunmadığını sordu. Hayır, yoktular. Bunun üzerine Passepartout bir an yanlış gemiye bindiğini sandı ama hayır *Carnactic*'teydi. İşte o an beyninde bir şimşek çaktı ve geminin erken kalkacağını efendisine bildiremediği geldi aklına! Bunun Fix'in bir oyunu olduğunu da o anda anladı. Ah bir eline geçirseydi şu hain Fix'i!

Ne var ki hayıflanıp durmanın bir yararı yoktu şimdi. Japonya yolundaydı ve cepleri bomboştu. Gemi masrafları önceden ödenmiş olduğundan, sanki Japonya çöle dönmüş de ülkede hiç yiyecek kalmamış gibi tıkınıp durdu yolculuk boyunca.

Gemi, Japonya'nın ikinci büyük kenti olan Yokohama'ya 13 Kasım'da vardı. Passepartout bu kente pek keyifsiz indi. Önce, alçak evleri ve sütunlu avlularıyla, her ulustan insanın kaynaştığı Avrupa'ya benzeyen kısmı, ardından Benten adı verilen Japon mahallelerini gezmeye başladı. Budist rahiplerin küçücük ağaççıklar (bonsailer) yetiştirdikleri tapınakları, ağaçlı yolları, askerleri, polisleri ve kimonolu kadınlarıyla çok kalabalık bir kentti burası. Kentin dışında sulara gömülmüş uçsuz bucaksız pirinç tarlaları, rengârenk çiçekli meyve bahçeleri vardı.

O günü işte böyle başıboş dolaşarak, aç bilaç geçirdi.

XXIII

PASSEPARTOUT'NUN BURNU ÇOK UZUYOR

Ertesi gün, açlıktan midesi sırtına yapışan Passepartout, birkaç kuruş kazanıp karnını doyurabilmenin yollarını aramaya başladı. Şarkı söyleyip para toplayabilirdi, ama hem saat daha çok erkendi hem de giysileri avare bir şarkıcı için fazla gösterişliydi. Hemen gidip, eski bir Japon entarisi, rengi solmuş bir türban ve biraz para karşılığında, kendi giysilerini eskiciye sattı. Böylece "Japonlaşan" delikanlı, hemen bir "çay evine" gidip, pirinç ve tavukla karnını doyurdu.

Niyeti Amerika'ya giden gemilerden birinde karın tokluğuna aşçılık veya uşaklık yapmaktı. Ama bu tuhaf giysiyle güvenip işe alırlar mıydı ki onu? Bunları düşüne düşüne yürürken, bir palyaçonun elinde dolaştırdığı afişe takıldı gözü:

PEK SAYIN WILLIAM BATULCAR'IN JAPON AKROBATLAR TOPLULUĞU

AMERİKA'YA GİTMEDEN ÖNCE SON GÖSTERİLER

TİNGU'NUN İNAYETİNDEKİ UPUZUN BURUNLARIN DEV GÖSTERİSİ!

"Amerika mı, işte sana fırsat!" diyerek afişli palyaçonun peşine düştü. Biraz yürüdükten sonra, kendini kocaman bir sirk çadırının kapısında buldu. Pek Sayın Batulcar'ın sirkiydi burası.

Hemen içeri girip Bay Batulcar'ı buldu ve hizmetkâra ihtiyacı olup olmadığını sordu.

"Hizmetkâr mı?" diye sordu kocaman gri sakalını sıvazlayan Bay Batulcar ve "Besleyip doyurduğum sürece benden hiç ayrılmayan iki sadık hizmetkârım var zaten!" dedi kaslı kollarını göstererek.

"Hiç işinize yaramam yani?"

"Hayır. Ama dur bakayım yoksa siz Japon değil misiniz?"

"Böyle giyindiğime bakmayın, Fransız'ım ben."

"Ooo, yüzünüzü şekilden şekle sokup soytarılık yapabilirsiniz o zaman?"

Fransız'ım deyince bu sorunun gelmesine sinirlenen Passepartout, "Yaparım yapmasına da, siz Amerikaları kimse geçemez bu konuda," diye lafı yapıştırdı.

"Doğru. Neyse, güçlü bir adama benziyorsunuz. Şarkı da söyler misiniz?"

"Söylerim."

"Peki, amuda kalkıp, bir ayağınızla topaç çevirir, diğer ayağınızla bir kılıcı dengede tutarken de söyleyebilir misiniz?"

"Hiç kuşkunuz olmasın!" dedi Passepartout eski cambazlık günlerini hatırlayarak.

Bunun üzerine Bay Batulcar, Passepartout'yu Japon akrobatlar grubunun bir üyesi olarak işe aldı.

Akşamki gösteriye çok az kaldığından Passepartout'nun bu seferlik, Tanrı Tingu'nun Upuzun Burunluları'nın "insan piramidine" destek vermesine karar verildi.

Sirk tıka basa dolmuştu. Japon akrobatlar gerçekten de çok yetenekli cambazlardılar. Ellerinde yelpazeler, yanan mumlar, dönen topaçlar ve keskin kılıçlarla akla hayale gelmedik numaralar yapıp seyircileri coşturdular. Sıra en önemli gösteri olan "Uzun Burunların" cambazlık gösterine gelmişti. Uzun Burunlar, Orta Çağ ulakları gibi giyinmiş, omuzlarında kocaman birer çift kanat bulunan cambazlardı. Ama en dikkat çekici özellikleri, suratlarının ortasındaki bir buçuk iki metreye varan burunlarıydı. Bütün cambazlık gösterileri, kimi dümdüz, kimi eğri, kimi girintili çıkıntılı olan bambudan yapılmış bu burunlar üzerinde yapılıyordu.

Passepartout, Uzun Burunların insan piramidinde, en alt sıradaki adamlardan birinin yerine geçmişti. Bu iş için bir hazırlık yapılmasına gerek yoktu. Güçlü ve becerikli olmak yeterliydi. Orta Çağ kostümü, renkli kanatları ve upuzun burnuyla Passepartout'nun da aralarında olduğu ilk cambaz sırası gelip, burunlarını dikerek yere uzandılar. Ardından ikinci, üçüncü ve dördüncü sıradaki cambazlar sırayla bir alt grubun burunları üzerine çıkarak bir piramit oluşturdular. Salon alkıştan inliyordu, gerçekten muhteşem bir gösteriydi bu!

Derken bir anda denge bozuldu ve en alttaki burunlardan birinin yerinden ayrılmasıyla, koca piramit, kâğıttan kale gibi dağılıp çöküverdi.

Neden derseniz, bizim Passepartout yerinden ayrılıp koşarak bir seyircinin ayağına kapanmış, "Efendim! Ah benim efendim!" diye bağırıyordu da ondan.

"Sizsiniz öyle mi?" dedi Bay Fogg.

"Evet benim."

"Haydi, o zaman gemiye oğlum!"

Bu tuhaf olayın ardından birbirlerine yeniden kavuşan Passepartout, Bay Fogg ve Prenses Auda, aceleyle sirk çadırından çıkıp, gemiye koştular. Ne var ki önce, önlerini kesip, zararının karşılanmasını isteyen öfkeli Pek Sayın Batulcar'a bir tomar para vermeleri gerekti.

XXIV

BÜYÜK OKYANUS'U GEÇİŞ

Şimdi Şanghay'da olanlara geri dönelim. Gemi *Tankadere*'nin işaretini ve yas bayrağını görüp, tekneye yanaşmış; böylece Bay Fogg, Prenses Auda ve Dedektif Fix gemiye binip Yokohama'ya zamanında yetişmişlerdi. Bay Fogg hemen *Carnactic*'e gidip uşağının kente geldiğini öğrenmiş ve onu aramaya girişmişti. Rastlantıyla veya sezgisel olarak Pek Sayın Batulcar'ın sirkine gelmiş ve orada, az önce tanık olduğumuz tuhaf olayla birbirlerini bulmuşlardı.

Bunları ve *Tankadere*'de Fix'le yaptıkları yolculuğu, Prenses Auda anlattı Passepartout'ya. Delikanlı, Fix'in adını duyunca hiç bozuntuya vermedi ve –kim bilir neden– aralarında geçenleri anlatmadı. Yalnızca sızıp kaldığı için haber veremediğini söyleyip, özür diledi efendisinden. Bay Fogg da anlatılanları sakince dinleyip, normal giysiler alması için biraz para verdi uşağına.

Bindikleri *General-Grant* adlı gemiyle, Pasifik Okyanusu'nu yirmi bir günde geçerek 2 Aralık'ta San Francisco'ya ulaşmayı umuyorlardı. Okyanus durgun, gemi kocaman ve sağlam olduğu için yolculuk gayet rahat geçiyordu.

23 Kasım'da gemi 180. meridyene, yani Londra'nın karşıt meridyenine ulaştı. Seksen günün elli ikisi harcanmış geriye yirmi sekiz gün kalmıştı. Meridyen hesabına göre yolun yarısına gelmiş gibi görünse de, aslında yolun üçte ikisi bitmişti bile.

Bay Fogg her zamanki gibi sakindi. Passepartout eli açık efendisine gönülden bağlanmıştı. Prenses Auda da, bu sessiz ve gizemli adamdan daha çok etkilenip hoşlanmaya başlıyor, ama Bay Fogg ona karşı hiçbir duygusunu belli etmiyordu.

Bu arada Dedektif Fix de tabii ki gemideydi. Beklenen tutuklama emri Yokohama'da nihayet eline geçmişti, ama artık İngiliz topraklarında olmadıkları için işe yaramıyordu. Bunun üzerine Fix, Bay Fogg'u İngiltere'ye kadar izlemeye karar verdi. Gemiye bindi ve Passepartout'yu da daha ilk gün o tuhaf uzun burunlu kılığı içinde görüp, yolculuk boyunca gizlenmeye karar verdi. Ne var ki bir gün pat diye karşılaşıverdiler. Passepartout hemen dedektifin boğazına sarıldı ve Amerikalıların tezahüratları eşliğinde sıkı bir kavgaya tutuştular. Bizim delikanlı dedektifi bir güzel patakladı ve siniri biraz olsun yatıştı.

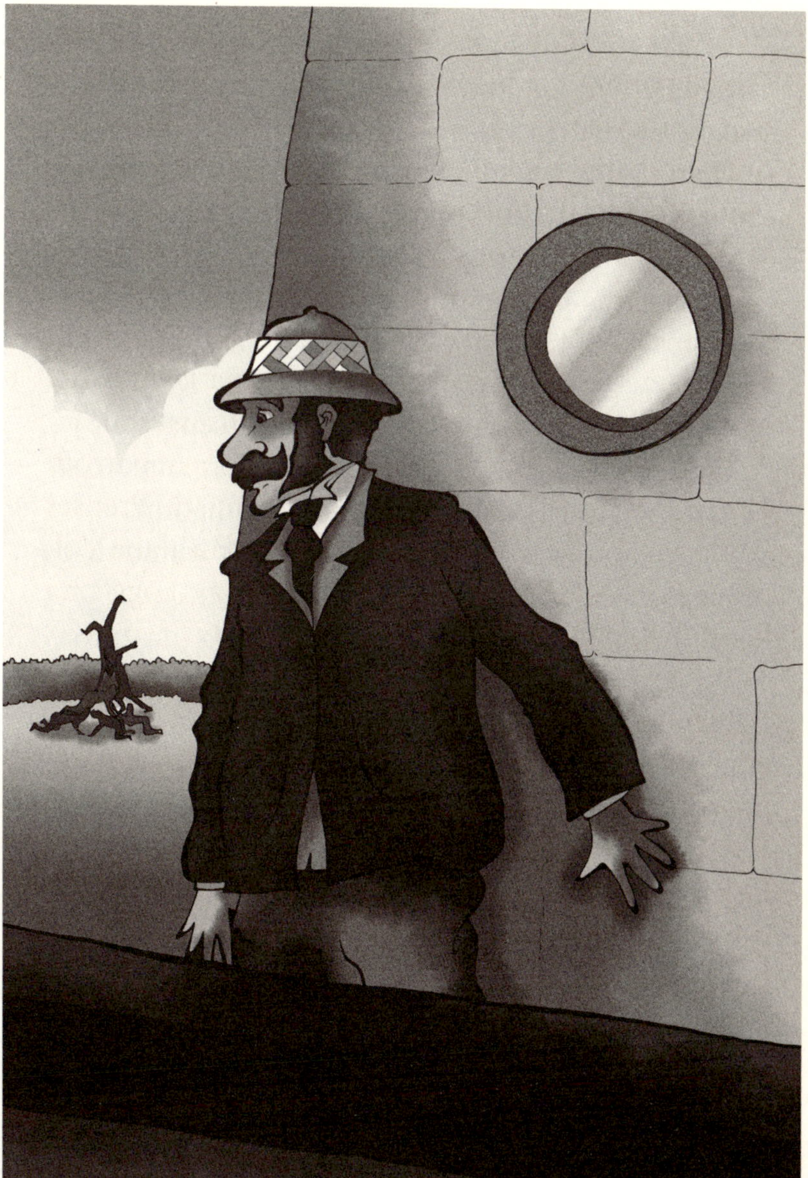

"Bitti mi?" diye sordu nihayet dedektif. "Beni bir güzel patakladınız, şimdi gelip efendinizle ilgili anlatacaklarımı dinleyin."

Fix o güne kadar hep Bay Fogg'u geciktirmeye çalışmıştı, ama artık planı değişmişti. Bay Fogg'un tutuklama belgesinin süresi dolmadan Londra'ya ulaşması için elinden geleni yapmaya hazırdı, çünkü ancak bu şekilde onu yakalayıp ödülü alabilecekti.

"Siz de bana yardım edin," dedi Passepartout'ya, "çünkü efendinizin gerçekten dürüst bir adam olup olmadığını ancak Londra'da anlayabilirsiniz."

"Tamam," dedi dürüst uşak, "dost olmasak da şimdilik aynı taraftayız."

Ve gemi 3 Aralık'ta San Francisco'ya ulaştı. Bay Fogg tam gününde ulaşmıştı Amerika'ya.

XXV

SAN FRANCISCO'DA BİR GÖSTERİ

Amerika kıtasına, daha doğrusu gemilerin daha kolay boşaltılmasında kullanılan yüzer iskeleye ayak bastıklarında saat sabahın yedisiydi. Passepartout o sevinçle gemiden bir taklayla yere inmeye karar vermiş, çürük iskele tahtalarını delip doğruca denize düşmekten son anda kurtulmuştu.

New York'a giden ilk tren akşam altıda kalkacağından, o günü kenti gezerek geçirebilirlerdi. Geniş yolları, yan yana dizilmiş alçak evleri, Gotik kiliseleri, limanları, depoları ve vızır vızır taşıtlarıyla, kocaman bir ticaret kentiydi burası. Passepartout buna çok şaşırdı. Onun kafasındaki, Altına Hücum zamanlarının elleri silahlı haydutlarla, altın arayıcılarıyla, kuş tüyleriyle süslü şapkaları olan Kızılderililerle dolu kentinin yerinde yeller esiyordu çünkü.

Arabaya binip, lüks ve Avrupai bir otele geldiler. Bay Fogg ve Prenses Auda, siyah tenli garsonların hizmet ettiği lokantada lezzetli bir yemek yedikten sonra, konsolosluğa pasaport damgalatmaya gittiler. Passepartout ise –her ne kadar efendisi gereksiz bulsa da– tren yolculuğuna hazırlık olarak silah almaya yollandı. Trenleri yağmalayan Kızılderililerle ilgili çok şey duymuştu ve tedbiri elden bırakmamakta kararlıydı.

Phileas Fogg ve Prenses Auda ise yolda "tesadüfen" karşılaştıkları ve San Francisco'yu gezerken onlara eşlik etmek isteyen Fix'le birlikte dolaşırken, bir kalabalığın içinde buluverdiler kendilerini. Siyasi bir mitinge benziyordu bu, ama acaba ne için yapılıyordu? Bir merdivenin üst basamağına yerleşip seyretmeye başladılar.

"Yaşasın Mandiboy!" – "Yaşasın Kamerfield!" tezahüratları arasında eller yumruk olup havaya kalkıyor, bayraklar sallanıyordu. Derken bir kaynaşma oldu. Birkaç el silah atıldı. Bizim üçlü, birbirine giren Mandiboy ve Kamerfield taraftarları arasında sıkışıp kaldı. Kaçmalarına olanak olmadığı gibi, insan seli tarafından sürekli itilip kakılıyorlardı. Bay Fogg, kendini savunmak için yumruklarını kullanmaya çalıştıysa da, başarılı olamadı. Eğer Fix tam zamanında araya girmeseydi; grubun lideri gibi görünen kızıl sakallı, geniş omuzlu dev gibi bir adam koca yumruğunu Bay Fogg'un kafasına indirecekti. Fakat yumruk Fix'in ipek şapkasını ezerek kafasında koca bir şiş oluşturdu.

"Yankee!" dedi Bay Fogg rakibine derin bir küçümsemeyle bakarak.

"İngiliz!"

"Bu iş burada bitmedi, görüşeceğiz!"

"Hay hay! Adınız?"

"Phileas Fogg. Sizin?"

"Albay Stamp W. Proctor."

Ve kalabalık ikisini ayırdı.

Olay Prenses Auda'ya bir şey olmadan atlatılmıştı. Fix yumruğu yemiş, iki beyefendinin giysileriyse paramparça olmuştu. Ama Fix, Bay Fogg'u koruyarak sözünü tutmuş, Passepartout'nun gözüne girmişti.

Yeni giysiler alıp, yemek yedikten sonra gara gitmek için bir araba çağırdılar.

Bay Fogg, her onurlu İngiliz'in yapacağı gibi, "Şimdi gidiyorum ama şu Albay Proctor'u bulmak için mutlaka geri döneceğim," diyerek ayrıldı otelden.

Tam trene binerken Bay Fogg bir memura bugün kentte ne olduğunu sordu.

"Olağan bir seçim mitingi," diye yanıtladı memur.

"Orduya başkomutan mı seçiliyordu yoksa?"

"Yok beyefendi, sulh yargıcı seçimi içindi bu miting."

Bu yanıt üzerine trene binip yola koyuldular.

XXVI

PASİFİK EKSPRESİ'YLE YOLCULUK BAŞLIYOR

Amerika'yı boydan boya geçerek, yolcuları "Okyanustan Okyanusa" yani San Francisco'dan New York'a taşıyan trenin adı Pasifik Ekspresi'ydi. Tren yolunun yapılmasıyla, eskiden altı ay süren bu yolculuk yedi güne inmişti ve bu sayede Bay Fogg, 11 Aralık'ta New York'tan kalkacak Liverpool gemisine yetişebilmeyi umuyordu.

Yolcularımız Oakland'dan akşam altıda yola çıktılar. Hava hemen kararmış, gökyüzünü kaplayan kara bulutlarla soğuk bir gece çökmüştü.

Vagonda pek fazla konuşulmuyordu. Herkesin uykusu gelmeye başlamıştı. Fix'in yanına düşen Passepartout, dedektife soğuk davranıyor, onunla hiç konuşmuyordu.

Tren kalktıktan bir saat sonra kar yağmaya başladı, ama neyse ki hafif, treni geciktirmeyecek cinsten bir kardı bu.

Omaha • *New York* • *San Francisco*
Atlantik Okyanusu
Pasifik Okyanusu

Saat sekizde bir görevli gelip yatakları hazırladı ve vagon bir anda, birbirinden kalın perdelerle ayrılmış, yumuşacık tertemiz yatakları olan bir yatakhaneye dönüşüverdi. Yolcular mışıl mışıl uyurken, tren California Eyaleti'nin başkenti Sacramento'ya vardı, oradan da Nevada Dağları'na tırmanmaya başladı.

Ertesi sabah yataklar toplandı ve yolcular pencerelerden Sierra'nın dağlık arazisini, çağlayanları, ormanları seyrede seyrede yola devam ettiler. Geniş çayırların, tepelerin, sularını köpürterek akan ırmakların arasında, ta uzaklarda kocaman bizon sürüleri gördüler. Bu kalabalık sürülerin tren yolla-

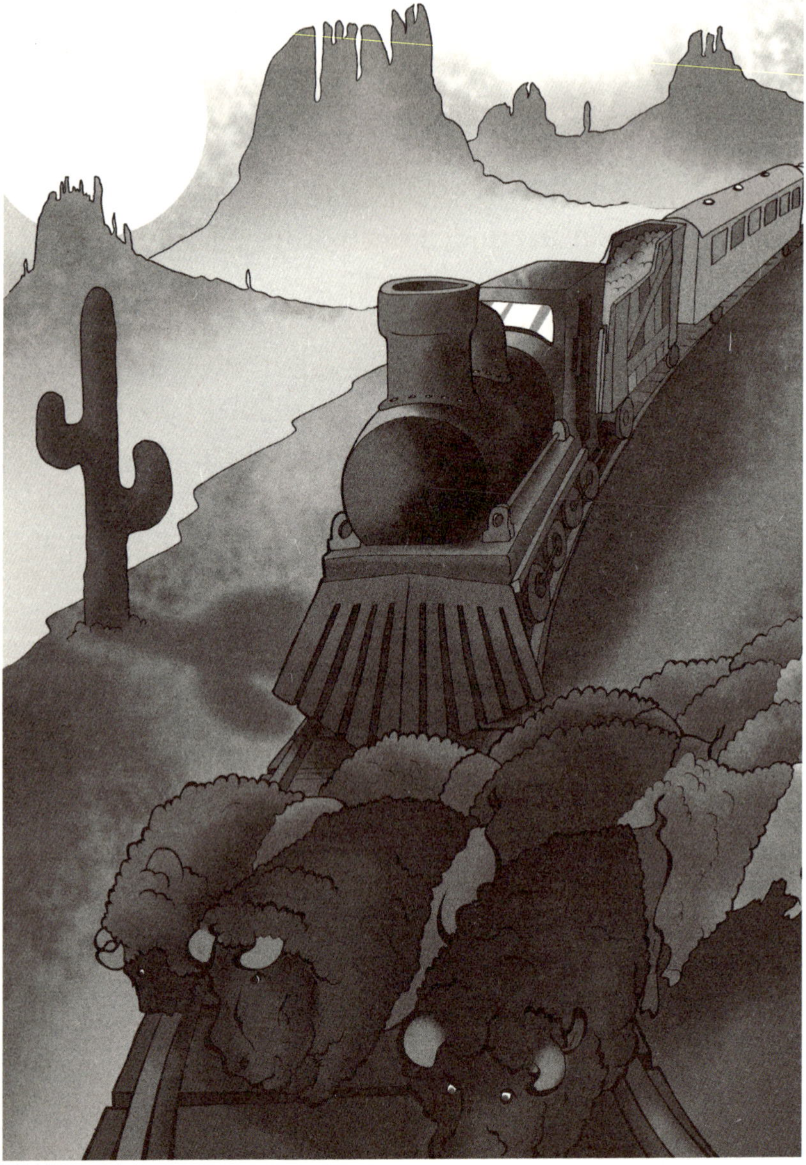

rını kesmesi sık rastlanan bir durumdu. Bu yüzden trenlerin ön kısmında, kocaman bir mahmuz gibi öne uzanan "sığır kovalayıcılar" bulunurdu.

Saat üçe doğru bizimkiler de aynı durumla karşılaştılar. On bin hayvandan oluşan bir bizon sürüsü –Amerikalılar buffalo diyorlardı bu hayvanlara– tren yolunun üzerinden geçiyordu. Makinist önce hız kesip, mahmuzuyla sürüyü yarmaya çalıştıysa da başarılı olamadı. Sabırla beklemekten başka çare yoktu. Bay Fogg yine sakin sakin sürüyü izliyor; Passepartout ise sinirden köpürüyor, Bay Fogg'un bu durumu da önceden tahmin edip etmediğini soruyordu kendisine. Böylece, tam üç saat beklemek zorunda kaldılar. Yol ancak karanlık çöktüğünde açıldı ve nihayet yollarına devam edebildiler.

Mormonların tuhaf ülkesi Utah'a girdiklerinde saat dokuz buçuk olmuştu bile.

XXVII

PASSEPARTOUT TRENDE MORMON TARİHİNİ ÖĞRENİYOR

Aralık ayının 5'ini 6'sına bağlayan gece, tren Büyük Tuz Gölü'ne yaklaşarak, kuzeydoğuya yöneldi. Hava soğuk, gökyüzü griydi ama artık kar yağmıyordu.

Hava almak için vagon arası köprüsüne çıkan Passepartout, vagon kapılarına elle yazılmış bir duyuru yapıştıran, tuhaf kılıklı bir adamla karşılaştı. Trene Elko'dan binen bu uzun boylu, esmer adam, siyah giysiler giymiş ve beyaz bir kravat takmıştı. Duyuruda, Mormon misyoneri William Hitch'in, 117 numaralı vagonda, saat on birle on iki arasında "Ahir Zaman Azizleri" dini ile ilgili bilgiler vereceği yazılıydı.

Otuz dinleyiciyle birlikte bizim Passepartout da anlatılacakları dinlemeye gitti ve en ön sırada yerini aldı. William Hitch, İncil'in yazıldığı zamanlardan bu yana Mormonluğun hikâyesini anlatırken, bütün dinleyiciler sıkılıp birer birer vagonu terk ettiler. Sonunda geriye yalnızca Passepartout kaldı. Dinini yaymaya çalışan misyoner hikâyeyi coşkuyla anlatıp bitirdikten sonra, tek dinleyicisine kendi saflarına katılmak isteyip istemediğini sordu.

"Hayır!" diye yanıtlayan Passepartout da hemen kendini vagondan dışarı attı.

Bu sırada tren hızla ilerlemiş ve Büyük Tuz Gölü'ne ulaşmıştı. Ölü Deniz adı da verilen bu kocaman gölün etrafı beyaz tuzla kaplı kayalıklarla çevriliydi ve suları öyle tuzluydu ki, içinde balık bile yaşayamıyordu. Toprak işinden iyi anlayan Mormonlar, gölün etrafındaki arazide güzel köyler kurmuşlardı.

Saat ikide Ogden istasyonunda indiler ve tren bir süre burada duracağından, gidip Mormon kenti Salt Lake City'yi gezdiler. Sonra da gara dönüp trendeki yerlerini aldılar.

XXVIII

PASSEPARTOUT'YU KİMSE DİNLEMİYOR

Tren Ogden'den ayrıldıktan sonra, Rocky Dağları bölgesine girdi. Bu dağlık ve engebeli alan, mühendislerin demir yolunun yapımında en çok zorlandığı yerdi. Bölgede birçok ırmak da vardı ve tren, köprülerin üzerinden geçip duruyordu.

7 Aralık'ta, tren Green River istasyonunda on beş dakika durdu. Gece kar yağmış, ama neyse ki erimişti. Yine de kötü hava Passepartout'yu endişelendiriyor, "Kışın yola çıkmanın ne gereği vardı sanki? Yazı bekleseydik de şansımızı artırsaydık ya!" diye geçiriyordu içinden.

Prenses Auda'nın endişesi ise bambaşkaydı. İstasyonda durdukları sırada camdan dışarı bakarken Albay Stamp W. Proctor'ın, hani miting sırasında Fix'e yumruk atan kaba Amerikalı'nın trenden indiğini görmüştü. Adamın da aynı trene binmesi ne kötü bir rastlantıydı! Bay Fogg uyurken, durumu Passepartout'yla Fix'e anlattı.

"Proctor trende demek!" diye bağırdı Fix. "Korkmayın, onun işini Bay Fogg'dan önce ben göreceğim, ne de olsa yumruğu yiyen benim!"

"Albay malbay, benim de ona iki çift lafım var!" dedi Passepartout.

"Bakın," diye söze başladı Prenses Auda, "Bay Fogg kozunu kendisi paylaşmak isteyecektir. Sırf bu iş için Amerika'ya döneceğini söylediğini siz de duydunuz. O yüzden, çok kötü sonuçlar doğurabilecek bu karşılaşmayı engellememiz gerekiyor."

Fix'le Passepartout kadına hak verdiler. Bu işin tek çıkar yolu, tren New York'a varana kadar Bay Fogg'un vagondan dışarı çıkmamasını sağlamaktı. Bunun da tek yolu vardı!

Bay Fogg uyanınca, "Bu trende de saatler geçmek bilmiyor," diye söze girdi Fix. "Gemide oynadığınızı görmüştüm de, vist oynamaya ne dersiniz?"

Bay Fogg bu işe çok sevindi doğrusu. Passepartout hemen koşup görevliden iki deste kart satın aldı. Böylece Fix, Bay Fogg ve aldığı İngiliz eğitimi içinde bu oyunu da öğrenmiş olan Prenses Auda, vist masasına oturdular.

"Bu iş oldu!" dedi Passepartout içinden, "Artık efendim hayatta bu masadan kalkmaz."

Bizim üçlü vist oynarlarken, tren de engebeli arazide ilerliyordu. Fakat tehlikeli Rocky Dağları bölgesini geçmeye birkaç saat kalmıştı ki, zınk diye duruverdi. Ortalıkta istasyon filan da görünmüyordu.

Prenses Auda'yla Fix, Bay Fogg'un vagondan çıkmasından endişelenerek birbirlerine bakarken, Bay Fogg yerinden bile kıpırdamadan Passepartout'ya döndü ve "Git bak bakalım ne oluyor?" dedi.

Passepartout hemen dışarı koştu. Tren kırmızı bir yol işaretinin karşısında durmuş, makinist, kondüktör ve aralarında Albay Proctor'un da bulunduğu bir yolcu kalabalığı, geçişi engelleyen hat bekçisinin etrafına toplanmışlardı.

"Hayır, hiçbir şekilde geçemezsiniz!" diyordu hat bekçisi. "Medicine-Bow Köprüsü'nün onarılması gerekiyor. Bu hâliyle trenin ağırlığını kaldıramaz!"

Durdukları yerden bir buçuk kilometre kadar uzaklıktaki asma bir köprüydü bu ve taşıyıcı tellerden bir kısmı koptuğu için, gerçekten de üzerinden tren geçmesi olanaksızdı.

"Şu işe bak!" diye bağırdı Albay Proctor, "Karda kök salıp bekleyecek değiliz herhâlde?"

"Albayım," diye yanıtladı kondüktör, "Omaha'dan çağırdığımız tren bir sonraki istasyona saat altıda gelecek, biz de o zamana kadar ancak yürürüz oraya zaten."

"Yürümek mi?" diye bağırdı yolcular bir ağızdan.

"İstasyon yakın mı bari?"

"Yirmi kilometre kadar uzakta."

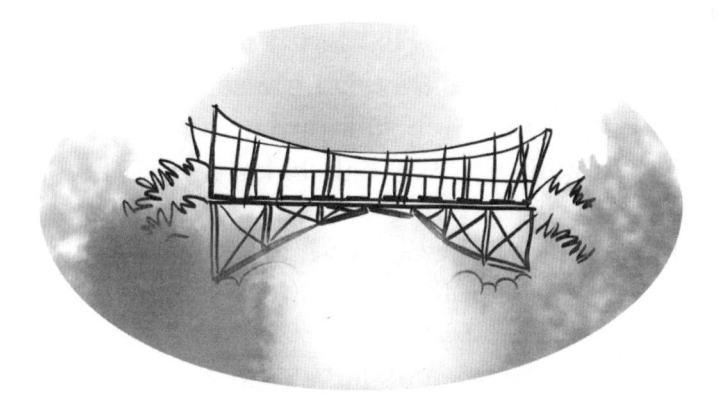

"Bu karda yirmi kilometre yürüyeceğiz ha?" diye patladı Albay Proctor ve bir dizi küfür savurdu.

Tam Passepartout efendisine kötü haberi vermeye gidiyordu ki, makinist sesini yükseltip, "Geçmeyi denemenin bir yolu var aslında," dedi.

"Köprüden?"

"Evet."

"Trenle?"

"Evet."

"Ama köprü çökmek üzereymiş baksanıza!" dedi kondüktör.

"Tamam, ama treni son hızla sürersek, karşıya geçme şansımız olabilir!"

"Vayy!" dedi Passepartout.

Herkes trenin geçebilme şansı üzerine konuşmaya başladı ve yavaş yavaş bu fikir herkesin aklına yattı.

Oysa Passepartout'nun aklına çok daha kolay bir çözüm gelmişti.

"Makinistin önerisi bana biraz riskli gibi görü…" diye söz girecek oldu.

"Yüzde seksen şansımız var," dedi bir yolcu.

"Evet de, şöyle yapsak daha iyi…"

"Şöyleymiş de böyleymiş de, geçeriz diyorsa geçeriz işte," diye kestirip attı bir başkası.

"Biliyorum, tamam ama bunun daha tedbirli bir şekli…"

"Tedbirmiş!" diye patladı Albay.

"Daha doğal diyelim o zaman…"

"Korkuyor musunuz yoksa?" diye gürledi Albay Proctor.

"Ben mi! Bir Fransız asla korkmaz! Sizin dediğiniz gibi olsun o zaman," diye yanıtladı Passepartout.

Herkes tekrar trene doluşurken, "Yine de, önce yolcular yürüyerek köprüden geçseydi, sonra tren geçirilseydi çok daha iyi olurdu ya neyse!" dediyse de, kimse bu mantıklı öneriyi duymadı bile.

Herkes yerini alınca, tren önce –atlamadan önce geri çekilip hızını alan bir atlet gibi– geri geri gitti, sonra bir düdük çalıp son hızla öne atıldı.

Ve evet, köprüyü geçti! Hem de bir şimşek gibi! Tren âdeta diğer yakaya uçmuştu. Ve iler tutar yeri kalmamış olan koca köprü, trenin hemen arkasından büyük bir gürültüyle aşağıya çöktü.

XXIX

ANCAK AMERİKAN TRENLERİNDE KARŞILAŞILABİLECEK OLAYLAR

Üç gün üç gecedir trendeydiler ve bu gidişle dört günde New York'a varabilirlerdi.

O sabah, yolcularımız kart oyununa iyice kendilerini kaptırmışlardı. Bay Fogg tam bir kartı oynayacaktı ki, arkasından:

"Yerinizde olsam karoyu atardım..." diye bir ses geldi.

Bay Fogg, Prenses Auda ve Fix başlarını kaldırdılar ve karşılarında Albay Proctor'ı buldular.

"Demek maça oynamak isteyen sizdiniz İngiliz beyefendisi?" dedi rakibini hemen tanıyan Albay.

"Bu oyundan hiç anlamıyorsunuz."

"Belki daha yetenekli olduğum oyunlar vardır?" diye yanıtladı Bay Fogg.

Prenses Auda bembeyaz olmuş, kalbi küt küt atmaya başlamıştı. Passepartout adamın boğazına atlayacak gibiydi.

Bu sırada Fix hemen ayağa kalkıp, "Unutmayın ki bana yumruk attınız, işiniz benimle!" diye araya girdi.

"Özür dilerim Bay Fix, ama Albay yanlış oynadığımı söyleyerek bana yine hakaret etti ve bunun hesabını verecek," dedi Bay Fogg.

"Ne zaman, nerede ve hangi silahla isterseniz," diye yanıtladı Albay.

İki adam vagondan çıktılar.

"Şimdi acele Avrupa'ya gitmem gerekiyor, altı ay sonrası için bir randevu verebilir misiniz bana?" diye sordu çok kibarca Bay Fogg.

"Bana ne sizin işinizden! Yok, altı yıl olsun bari! Kaçmak için uydurulmuş bahaneler bunlar. Ya şimdi ya hiç!" dedi Albay.

"Tamam o hâlde," dedi Bay Fogg, "Nerede?"

"Bir saat sonra tren Plum-Creek'te on dakika duracak. Bir-iki el ateş etmek için yeter de artar bile."

"Peki, orada ineceğim."

"Ve bence bir daha da binemeyeceksiniz," dedi Albay küstahça.

Bay Fogg ise her zamanki sakinliğiyle vagona dönüp, hiçbir şey olmamış gibi oyuna devam etti.

On birde tren durdu. Tam Bay Fogg'la Albay Proctor, ellerinde silahları aşağıya ineceklerdi ki, kondüktör koşarak geldi ve inemeyeceklerini, zaten yirmi dakika gecikme olduğundan, bu istasyonda durulmayacağını söyledi.

"Ama beyefendiyle yapılacak bir düellom var," dedi Bay Fogg.

"Üzgünüm," diye yanıtladı kondüktör, "keşke elimde olsa ama maalesef! Fakat mademki inemiyorsunuz, neden trende yapmıyorsunuz düellonuzu?"

"Belki beyefendinin işine gelmez," diye atıldı Albay Proctor.

"Yo, çok işime gelir," dedi Bay Fogg.

Passepartout ise, "Pes, böyle bir şey de ancak Amerika'da olur herhâlde," diye geçirdi içinden, "ve kondüktör de tam bir centilmen doğrusu!"

İki rakip, tanıklarıyla birlikte kondüktörün arkasından birer birer vagonlardan geçerek trenin en arkasına gittiler ve oradaki yolculardan düello için izin istediler. Yolcular da seve seve kabul ettiler vagonu boşaltmayı.

Bay Fogg ve Albay Proctor, Fix'le Passepartout'yu endişeli bir şekilde kapıda bırakıp, ellerinde tabancaları vagona girdiler ve yirmi metre uzunluğundaki vagonun iki ucuna yerleştiler. Trenin ilk düdüğünde birbirlerine ateş edecekler, iki dakika sonra da tanıklar içeri girip kimin sağ kaldığına bakacaklardı.

Tam düdüğü beklerken, canhıraş çığlıklar, ardından da birkaç el silah sesi duyuldu. Ancak bu sesler düello vagonundan gelmiyor, aksine trenin bütün

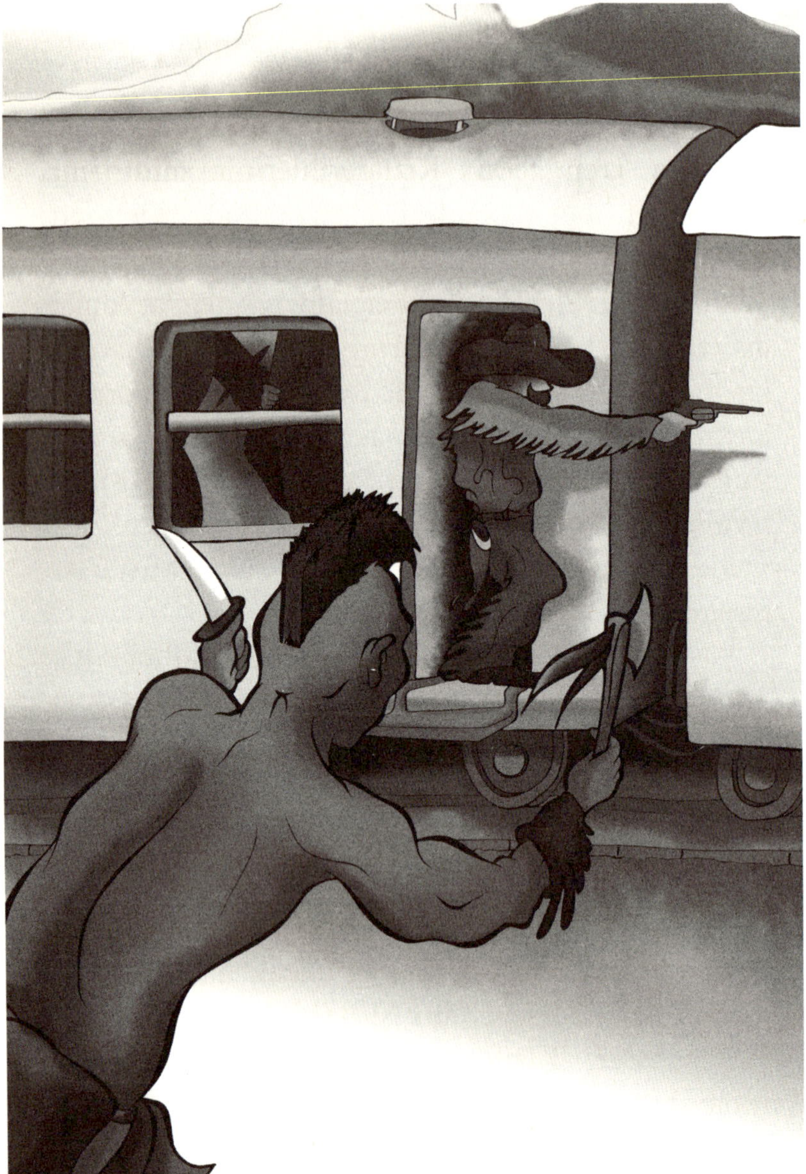

vagonlarından korkulu çığlıklar ve patlama sesleri yükselmeye devam ediyordu.

Bayg Fogg ve Albay hemen fırlayıp ön vagonlara koştular. Tren, Sioux Kızılderililerinin saldırısına uğramıştı!

Bu, ilk defa görülen birşey değildi. Kızılderililer ellerinde tüfekleri vagonlara saldırıyorlar, yolcular da tabancalarıyla kendilerini korumaya çalışıyorlardı. Kızılderililer makinisti ve ateşçiyi bayıltmışlardı, lokomotifi durdurmaya çalışırken tam tersine ateşledikleri için, tren korkunç bir hızla ileri fırlamıştı.

Prenses Auda, en baştan beri elinde tabanca kahramanca çarpışıyordu.

Eğer tren durmazsa, kesin Kızılderililer kazanacaktı. Üç kilometre uzaklıktaki Kearney Kalesi'ndeyse bir birlik vardı. O istasyonu durmadan geçerlerse, kimse kurtaramazdı trendekileri.

Bay Fogg'un yanında çarpışan kondüktör, bir kurşunla yere serilmeden önce, "Bu tren beş dakikaya durmazsa işimiz bitik!" diye bağırdı.

"Duracak!" dedi Bay Fogg ancak daha o daha sözünü bitiremeden, "Bu işi bana bırakın!" diyen Passepartout, Kızılderililere görünmeden kapıyı aralayıp, vagonun altına kayıverdi. Cesur delikanlı, eski cambazlık deneyiminin kıvraklığıyla vagonların altından kimselere gözükmeden lokomotife kadar ilerledi ve şansın da yardımıyla lokomotifi vagonlardan ayırmayı başardı.

Lokomotif başını alıp gitmiş, vagonlar istasyona az bir mesafe kala durmuş, Kızılderililer kaçmışlardı. Ne var ki cesur Passepartout ve iki yolcu ortada yoktu!

XXX

PHILEAS FOGG ÜZERİNE DÜŞENİ YAPIYOR

Peki, kayıp yolcularla Passepartout'ya ne olmuştu? Ölmüşler miydi? Yoksa Sioux'lar tarafından kaçırılmışlar mıydı? Bunu kimse bilmiyordu.

Çok yaralı vardı ama hiçbiri ölümcül değildi. En ağır yaralı, cesurca savaşırken kasığına bir kurşun yiyen ve acil tedavi için gara götürülen Albay Proctor'dı. Prenses Auda ve Bay Fogg bir çizik bile almamışlar, Fix kolundan hafif bir yarayla atlatmıştı ama Passepartout kayıplara karışmıştı. Prenses iki gözü iki çeşme ağlamaktaydı.

"Ölü veya diri, gidip bulacağım onu," dedi Bay Fogg. Tutuştuğu bahis aklına bile gelmiyor, bunu bir görev olarak görüyordu. Kearney Kalesi komutanına gidip kayıp yolcuların peşine düşmek için yanına asker vermesini istedi.

"Yapamam," dedi komutan, "üç kişi için elli kişilik kaleyi tehlikeye atamam."

"O zaman ben yalnız gidiyorum."

"Çok cesur bir insansınız. Öyle olsun, otuz adamımı vereceğim yanınıza."

Fix, haftalardır peşinde olduğu adamı takip etmekle etmemek arasında bocalıyordu ama Bay Fogg'un sakin ve dürüst bakışlarına güvenmiş olacak ki, Prenses'in yanında kalmayı kabul etti. Böylece Bay Fogg, Prenses'le vedalaşıp kendisine meşhur çantayı emanet ettikten sonra yola koyuldu. Bu arada askerlere, tutsakları kurtarmaları hâlinde biner sterin ödül vaat etmeyi de unutmamıştı.

Saatler geçmek bilmiyordu. Prenses Auda, gözünde bir kahramana dönüşen Bay Fogg'u, hayranlığı giderek artarak garda beklerken; Fix, aldanıp adamı elinden bırakmış olduğuna pişman, hemen peşine mi düşse, yoksa her şeyi bırakıp gitse mi bilemiyordu.

Bu sırada uzaktan tren düdüğü sesleri duyuldu ve ne oluyor derken, lapa lapa yağan karın altında, kayıp lokomotifin geri geldiği görüldü. Baygın makinist ve ateşçi bir zaman sonra ayılmış, lokomotifi geri getirmişlerdi ve tren artık yola devam etmeye hazırdı.

"Ya kayıp yolcular ne olacak? Onları beklemeyecek misiniz?" diye sordu Prenses Auda.

"Zaten üç saatlik gecikmemiz var, hemen kalkıyoruz," dedi kondüktör. "İsterseniz kalıp, yarın akşamki treni bekleyebilirsiniz."

"Çok gecikiriz ama... lütfen biraz bekleyin."

Kondüktör buna yanaşmadı, Albay Proctor dâhil, diğer bütün yolcularını alarak yola çıktı.

Prenses Auda'yla Fix ise, ikisi de farklı nedenlerden doğan bir iç sıkıntısıyla, saatlerce beklediler. Gece geçti, gelen olmadı. Acaba neredeydiler? Kızılderilileri bulabilmişler miydi? Karda yitip gitmiş olabilirler miydi yoksa?

Sabah oldu. Kearney Kalesi'nin komutanı çok endişeliydi. Giden birliğin ardından yeni adamlar gönderip göndermemek konusunda kararsızdı. Nihayet tam bir keşif birliği göndermeye karar vermişti ki, silah sesleri duyuldu. Bir işaret miydi bu? Askerler kaleden dışarı fırladılar ve uygun adım gelen birliği gördüler. Birlik Passepartout'yu ve diğer iki yolcuyu Sioux'ların elinden kurtarmış geri geliyordu. Bizim tutsaklar Kızılderililerin elinden kurtulmaya çalışırken, tam zamanında birlik yetişmişti imdatlarına. Kurtarılanlar ve kurtarıcılar sevinç çığlıklarıyla karşılandılar. Bay Fogg hemen askerlere vaat ettiği ödülü dağıttı ve Passepartout, efendisine bayağı pahalıya patladığı için bir kez daha hayıflandı.

Bütün bunları sessizce izleyen Fix'in aklından neler geçtiğini bilmek olanaksızdı. Prenses Auda ise büyük bir mutlulukla sarılmıştı Bay Fogg'un ellerine.

XXXI

DEDEKTİF FIX, BAY FOGG'UN ÇIKARLARINI GÖZETİYOR

Phileas Fogg, yirmi saat gecikmiş durumdaydı. Passepartout, istemeden de olsa bu duruma yol açtığı için çok üzgündü.

Tam bu sırada dedektif Fix, Bay Fogg'un yanına gelerek:

"11 Aralık'ta saat dokuzdan önce New York'ta olmak ve gemiye yetişmek ister misiniz?" diye sordu.

"Tüm kalbimle," diye yanıtladı Bay Fogg.

"Deneyebiliriz."

"Yürüyerek mi?"

"Hayır, kızakla!" ve garın önünde dolanan bir adamı işaret ederek, "Az önce şu bey gelip, bu öneride bulundu bana."

Bay Fogg hemen Mudge adlı adamın yanına gidip, kızağı görmek istediğini söyledi. Upuzun bir direği, kocaman bir yelkeni ve aracı yönlendirmeye yarayan bir dümeni olan bu garip kızak, beş-altı kişiyi alabilecek büyüklükteydi. Denizde değil de karda giden bir gemiye benzeyen bu kızaklar, yelkenleri sayesinde çok yüksek hızlara çıkabiliyor; demir yolu kar nedeniyle kapandığında, istasyonlar arasında yolcu taşıyabiliyorlardı.

New York'a kalkan trenlerin daha sık olduğu Omaha'ya gitmek için anlaştılar ve sabah saat sekizde yola çıktılar.

Ne yolculuktu ama! Yolcular kalın battaniyelere sarınarak soğuktan korunmaya çalışırlarken, kızak yelkenlerini açmış yetmiş kilometre hızla ilerliyordu. Rüzgâr şiddetlendiğindeyse, âdeta havalanıyorlardı. Araç bozulmaz veya rüzgâr dinmezse, saat bir sularında Omaha'ya varmış olacaklardı. Rüzgâr da dineceğine şiddetini artırmakta, yelken direğini tutan çelik telleri titreştirip, müzik sesine benzer sesler çıkartmaktaydı.

Prenses Auda kürklere ve battaniyelere sarınmış soğuktan korunurken, Passepartout kıpkırmızı bir yüzle, soğuk havayı çekiyordu ciğerlerine. Gemiye yetişebilme umudu doğduğundan sevinçliydi ve kızak işini öneren Fix'in elini sıkıp teşekkür etmek istiyordu. Diğer taraftan, kendisini yiğitçe Sioux'ların elinden kurtaran efendisine karşı da büyük bir minnet duyuyordu. Bunu hiç unutmayacaktı!

Herkes kendi düşüncelerine dalmış giderken; ıssız düzlüklerden, donmuş göllerden geçtiler. Birkaç kez, açlıktan gözü dönmüş kurt sürüleri takıldı peşlerine ama neyse ki kızağın hızına yetişemediler.

Ve saat bir bile olmadan, "İşte geldik!" diye müjdeyi verdi Mudge. Kızak Nebraska'nın Omaha istasyonuna ulaşmıştı. Adama parasını hızlıca ödeyip, Chicago'ya giden kalkmaya hazır bir trene yetiştiler. Ertesi gün saat dörtte Chicago'ya vardılar ve orada da hemen New York'a kalkan bir trene atladılar. Tren Indiana'yı, Ohio'yu, Pennsilvania'yı ve New Jersey'i hızla geçtikten sonra, 11 Aralık akşamı saat on biri çeyrek geçe New York'a vardı.

Ne var ki Liverpool'a giden *China* gemisi kırk beş dakika önce limandan ayrılmıştı!

XXXII

PHILEAS FOGG KÖTÜ ŞANSINI YENMEYE ÇALIŞIYOR

China, Phileas Fogg'un son umutlarını da beraberinde götürmüştü desek yeridir. Amerika'dan Avrupa'ya doğrudan sefer yapan diğer gemilerin hiçbiri, Londra'ya zamanında yetişmek için uygun değildi. Bay Fogg, yolculuğun başında yanına aldığı Bradshaw Kılavuzu'na bakarak incelemişti hepsini.

Efendisini geciktirdiği, bir de üstüne bir sürü masrafa soktuğu için kendi kendine kızan Passepartout'nun aksine, Bay Fogg hâlâ çok sakindi. "Yarın durumu bir gözden geçiririz, gelin," diyerek, Broadway'de bir otele götürdü yol arkadaşlarını. Kendisi mışıl mışıl uyudu ama Prenses, Fix ve Passepartout sıkıntıyla bir o yana bir bu yana dönerek sabahı zor ettiler.

Sabah, kalkmaya hazır bir gemi bulma umuduyla hemen rıhtıma gittiler. Bay Fogg, gövdesi demirden, güvertesi tahtadan buharlı bir gemi olan *Hen-*

rietta'nın dumanlar çıkardığını görünce, hemen bir sandala atladığı gibi kaptanla konuşmaya gitti.

Kaptan elli yaşlarında, kaba görünüşlü bir deniz kurduydu. Kocaman gözleri, bakır rengi teni, kızıl saçları ve iri cüssesiyle hiç tekin birine benzemiyordu doğrusu.

"Ben Phileas Fogg, Londralıyım," diye kendini tanıttı Bay Fogg.

"Ben de Cardifli Andrew Speedy."

"Hareket edeceksiniz sanırım?"

"Evet, bir saat sonra Bordeaux'ya hareket edeceğim."

"Yolcunuz var mı?"

"Yolcu molcu taşımam. Ortalıkta kalabalık eden, akıl yürütüp duran yük istemem ben."

"Beni ve üç arkadaşımı Liverpool'a götürmenizi istesem? Ücret önemli değil."

"Hayır! Bordeaux'ya gidiyorum dedim ya!"

"O zaman ben geminin sahibiyle..."

"Bu gemi benim!"

"O zaman gemiyi kiralayın bana!"

"Hayır!"

"Satın!"

"Hayır!"

Durum iç açıcı olmasa da, Phileas Fogg hiç istifini bozmadı. Bugüne kadar parayla her işini çözmüştü, ama bu kez para işe yaramıyordu. Ne var ki

Atlantik Okyanusu'nu da mutlaka hemen geçmesi gerekiyordu.

"O zaman bizi Bordeaux'ya götürün," dedi.

"Kişi başı iki yüz dolar bile verseniz olmaz!"

"Kişi başı iki bin dolar!"

Kaptan Speedy sekiz bin dolar kazanabileceğini duyunca duraksayıp, şiddetle alnını kaşımaya başladı. Bu paraya, yolcuları yolcu gibi değil de, değerli bir yük olarak görmeye karar verdi.

"Dokuzda kalkıyorum, gelebilirseniz..."

"Dokuzda gemide olacağız," dedi Bay Fogg.

XXXIII

PHILEAS FOGG NE GEREKİYORSA ONU YAPIYOR

Ertesi gün, yani 13 Aralık'ta, öğle saatinde bir adam kaptan köprüsüne çıkıp geminin yerini belirledi. Ne var ki bu adam, sanılanın aksine Kaptan Speedy değil, bizim Phileas Fogg'du.

Kaptan Speedy ise, kamarasına kilitlenmiş, öfkeden köpürerek bağırmaktaydı.

Aslında olan biten çok basitti. Kaptan, Liverpool'a gitmeyi kabul etmeyince, Bay Fogg sanki Bordeaux'ya gidecekmiş gibi gemiye binmiş; sonra da gemi çalışanlarına el altından para dağıtarak, hepsini kendi tarafına çekmişti. Zaten mürettebatın kaptanla arası iyi değildi, böylece el birliğiyle adamı kamarasına hapsetmişlerdi, Bay Fogg'da gemiyi devralıp rotayı Liverpool'a çevirmişti.

Gemi hızlıydı. Bir aksilik çıkmazsa 21 Aralık'ta Liverpool'da olabileceklerdi.

Passepartout çok memnundu. Türlü cambazlıklar yaparak tayfaları eğlendiriyor, etrafa neşe saçıyordu.

Fix ise olanlara hiçbir anlam veremiyordu artık! Bankadan elli bin sterlini çalan bir adamın, gemileri ele geçirmesine de şaşmamak gerekirdi tabii. Hırsızlığına bir de korsanlık ekleyen Bay Fogg'un, gemiyi Liverpool'a değil de, güvenle gizlenebileceği başka bir yere götürdüğüne emin gibiydi. "Keşke bu işe hiç karışmasaydım," diye düşünüyordu.

Başta yolculuk gayet güzel giderken, birkaç gün sonra hava birdenbire bozdu. Fırtına gemiyi beşik gibi sallıyor, yelken açmak mümkün olamadığı için, iş sadece buhar kazanına kalıyordu. Hızını kesmek istemeyen Bay Fogg, buhar makinesini körüklemelerini emretti ve gözü pek bir denizci olduğundan, *Henrietta*'yı dağ gibi dalgaların arasından kazasız belasız geçirmeyi başardı.

Aralık'ın 16'sı yolculuğun yetmiş beşinci günüydü ve okyanusun yarısını geçmişlerdi. Passepartout, Londra'ya yetişme umuduyla güvertede ufku gözlerken; makinist güverteye çıkıp, Bay Fogg'a heyecanla bir şeyler anlatmaya başladı. Meraklanan Passepartout, söylenenleri duymak için kulak kesildi:

"Emin misiniz?" diyordu Bay Fogg.

"Evet efendim, bütün kazanları son hızda yakıyoruz. Bizi bu hızla Liverpool'a kadar götürecek kömür yok depolarda."

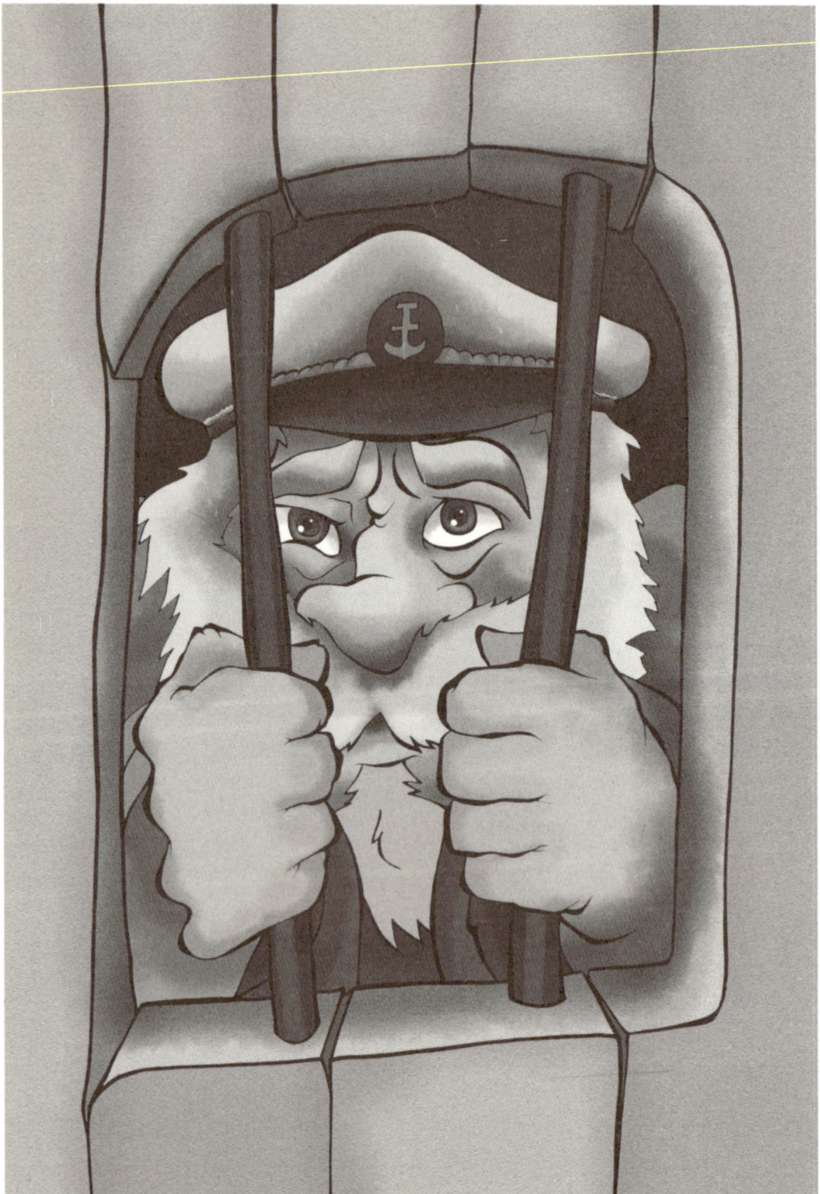

"Tamam, bir şeyler düşüneceğim."

Yakıt bitiyordu! Buna nasıl bir çözüm bulunabilirdi ki? Ne var ki Bay Fogg'un aklında yine bir fikir vardı besbelli, çünkü makiniste tam gaz gitmelerini ve kömürü sonuna kadar kullanmalarını söyledi.

İki gün sonra makinist, kömürün gün içinde biteceğini haber verdi.

"Sakın ateşi azaltmayın, aksine buhar kazanlarını tam güç çalıştırın," dedi Bay Fogg "ve bana kaptanı getirin."

Az sonra kaptan, gürleyip söverek, bir top barut gibi çıktı güverteye.

"Neredeyiz?" diye bağırdı öfkeden kıpkırmızı bir yüzle.

"Liverpool'dan iki yüz yetmiş kilometre kadar uzaktayız," diye yanıtladı en sakin hâliyle Bay Fogg.

"Korsan!" diye bağırdı kaptan.

"Beyefendi, sizi buraya..."

"Haydut!"

"... geminizi bana satmanızı rica etmek için çağırdım."

"Hayır, kesinlikle olmaz!"

"Çünkü onu yakmam gerekiyor."

"Ne! Yakmak mı dediniz?"

"Evet, yani tahta bölümlerini... Neden derseniz, yakıtımız bitti."

"Elli bin dolarlık bir gemiyi nasıl yakarsınız?"

"Buyurun size altmış bin dolar."

Deste deste paraları karşısında görünce Kaptan Speedy donup kaldı. Zaten bu kadar parayı görüp de etkilenmeyecek adam, Amerikalı değildir. Kaptanın bütün öfkesi bir anda sönüverdi.

"Ama demir gövde bana kalacak," dedi.

Anlaşma yapılmıştı. Fix'le Passepartout, kaptanın paraları cebine indirişini bembeyaz yüzlerle izlediler.

Ve hummalı bir çalışma başladı. Geminin bütün ahşap kısımları sökülüp sökülüp yakılıyor, gemi tam hızla ilerlemeye devam ediyordu. Ne var ki 20 Aralık akşamı ancak Queenstown açıklarına varabilmişlerdi. Phileas Fogg'un yirmi dört saat içinde Londra'da olması gerekiyordu ama bu sürede ancak Liverpool'a gidebilirdi gemi.

Bunun üzerine planlar bir kez daha değişti. Gece yarısı birde, yolcularımız Queenstown Limanı'na indiler. Bir buçukta trene binip sabaha karşı Dublin'e vardılar ve buradan da hızlı buharlı gemilerden birine atlayarak, 21 Aralık'ta on ikiye yirmi kala Liverpool'a vardılar. Londra altı saat uzaklıktaydı artık!

Tam bu anda Fix, Bay Fogg'un yanına yaklaştı, elini omuzuna koydu ve tutuklama belgesini uzatarak: "Bay Phileas Fogg, sizi Kraliçe adına tutukluyorum," dedi.

XXXIV

PHILEAS FOGG HAPSE GİRİYOR

Phileas Fogg'u, akşam Londra'ya gönderilinceye kadar, Liverpool gümrüğünde bir odaya kapatmışlardı.

Passepartout tutuklama sırasında Fix'i tepelemek istemiş, polisler onu zor tutmuşlardı. Olanları şaşkınlıkla izleyen Prenses Auda ise, olanı biteni Passepartout'dan öğrenmiş, iki gözü iki çeşme ağlamaya başlamıştı.

Şimdi yapacakları hiçbir şey yoktu artık. Passepartout kafasını taşlara vuruyordu. Öğrenir öğrenmez Fix'in kimliğini neden efendisine anlatmamıştı ki? Böylece adamcağız suçsuzluğunu kanıtlayabilir, tam hedefe ulaşacağı sırada kendisini tutuklayan bu sevimsiz dedektifi, bir de parasını cebinden ödeyerek dolaştırmazdı yanında. Ne var ki iş işten geçmişti artık...

Phileas Fogg ise, başına gelen bu son felakete rağmen içeride sakin sakin oturmuş bekliyordu... neyi acaba?

Saat bir oldu, sonra iki. Derken kapı açıldı, Prenses Auda, Passepartout ve Fix içeri girdiler.

Fix nefes nefese, saçı başı karmakarışık yaklaştı ve: "Beyefendi... özür dilerim... ne fena... benzerlik... hırsız üç gün önce yakalanmış... özgürsünüz..." dedi kekeleyerek.

Bunun üzerine Bay Fogg, şimdiye kadar hiç yapmadığı ve sonra da yapmayacağı ani bir hareketle iki yumruğunu sıkıp, dedektifin kafasına indiriverdi. O da bunu hak etmişti doğrusu!

Bay Fogg artık serbestti, ama Londra Ekspresi de yarım saat önce kalkmıştı! Hemen özel bir trene binip yola çıktılar, ama yolda gecikmeler olduğu için Londra'ya dokuza on kala ulaşabildiler ancak.

Dünya turunu tamamlayan Phileas Fogg, bahsi beş dakika ile kaybetmişti!

XXXV

PASSEPARTOUT EFENDİSİNİN BİR DEDİĞİNİ İKİ ETMİYOR

Bay Fogg ertesi günü evinden dışarı çıkmadan geçirdi. Bin bir engeli aşıp Dünya turunu tamamladıktan sonra, şu beceriksiz dedektif yüzünden bahsi kaybetmişti ve bankadaki yirmi bin sterlini Reform Kulübü'ndeki bahisçi arkadaşlarına verince, geriye hiç parası kalmayacaktı. Beş parasız kalmasına rağmen gene de serinkanlılığını koruması ise inanılmazdı. Passepartout her şeye kendisi neden olduğu için bin bir özür dilemiş, efendisi de yine o sakin sesiyle kimseyi suçlamadığını söylemişti.

Bu arada posta kutusunda tahmin ettiği gibi kabarık bir hava gazı faturası bulan Passepartout'nun, gelir gelmez odasına çıkıp hemen yanan lambayı söndürdüğünü söylemeye gerek yok.

Prenses Auda'ya evde bir oda ayrılmıştı. Bay Fogg, Passepartout'yla haber yollayıp, kendisine ancak akşam birkaç dakika ayırabileceğini iletmişti.

Passepartout ve Prenses, ne yapacaklarını bilemeden, endişeyle akşamı beklediler. Her şeyini kaybeden beyefendinin karanlık planlar yaptığından şüphelendiklerinden, gün boyu onu gözlemeyi de ihmal etmediler.

Akşam yedi buçukta Bay Fogg, Prenses'le görüşmek istediğini bildirdi.

İkisi odada yalnız kalınca, Bay Fogg o sakin ifadesiyle beş dakika kadar sessiz durduktan sonra,

"Sizi İngiltere'ye getirdiğim için özür dilerim. Size servetimin bir kısmıyla güvenli bir yaşam sağlamayı planlamıştım, ama ne yazık ki artık bu mümkün değil," dedi.

"Biliyorum ve sizi geciktirerek bu durumunuza neden olduğum için asıl ben özür dilerim. Hayatımı kurtardığınız yetmiyormuş gibi, bir de geleceğimi güvence altına almayı mı düşündünüz?"

"Evet, ama olaylar tahmin ettiğim gibi gitmedi. Ne dostum, ne de akrabam var bana yardım edecek. Bu durumda size ancak elimde kalanları verebileceğim."

"Ne yapacaksınız peki? Sizin için çok üzülüyorum. Yalnızlık çok zordur. Sefalete de iki kişi olunca daha kolay katlanılır."

"Öyle derler, evet."

Bunun üzerine Prenses Auda ayağa kalkıp elini Bay Fogg'a uzattı ve "Bay Fogg, hem bir akraba hem de bir dost ister misiniz? Beni eş olarak kabul eder misiniz?" diye sordu.

Bu sözleri duyan Bay Fogg da ayağa kalkmıştı. Gözlerinde olağan olmayan bir parıltı, dudaklarında bir titreme var gibiydi. Prenses Auda'nın o güzel gözlerindeki içten, dürüst ve tatlı bakışlar onu önce şaşırttı ve sonra da içine işledi. Bir an, sanki bu bakışların daha da içine işlemesine engel olmak ister gibi gözlerini kapattı, sonra tekrar açıp:

"Sizi seviyorum!" dedi "Evet, sizi dünyadaki her şeyden daha çok seviyorum ve bütün varlığımla size aidim."

Hemen Passepartout'yu çağırdılar ve koşup rahibe, Pazartesi günü, yani ertesi gün evlenmek istediklerini bildirmesini rica ettiler.

XXXVI

PHILEAS FOGG, BORSA'DA YENİDEN PRİM YAPIYOR

Bu arada banka hırsızının yakalanmasıyla, Londra'da Phileas Fogg hisseleri yeniden prim yapmıştı. Herkes bu dürüst ve cesur adamdan haber almaya çalışmış, ne var ki gönderilen hiçbir telgraf alıcısına ulaşmamıştı.

21 Aralık Cumartesi akşamı, yalnızca bahse giren arkadaşları değil, çok büyük bir kalabalık bekliyordu Phileas Fogg'u Reform Kulübü'nde.

Gözler saatteydi. Yelkovan ile akrep ilerledikçe Bay Fogg'un gelmesinden giderek ümit kesiliyordu.

Saat sekiz yirmi beşi vurdu.

"Gelmeyecek," dedi Bay Stuart. "Şimdiden bahsi kazanmış sayılırız."

"Bekleyelim," dedi Bay Fallentin, "her zamanki gibi son dakikada gelirse hiç şaşırmam."

Saat sekiz kırkı vurdu.

"Beş dakika kaldı," dedi Bay Stuart.

Sekiz kırk iki.
Sekiz kırk üç.
Salonda çıt çıkmıyordu.
Sekiz kırk dört. Saniyeler akıp gidiyordu, ama gelen giden yoktu.

Derken elli beşinci saniyede dışarıda bir gürültü koptu, bahisçiler ayağa kalktılar ve tam sekiz kırk beşte Phileas Fogg kapıyı açıp, her zamanki sakin sesiyle, "Baylar, işte geldim," dedi.

XXXVII

PHILEAS FOGG BU DÜNYA TURUYLA MUTLULUKTAN BAŞKA BİR ŞEY KAZANMIYOR

Evet! Gelen Phileas Fogg'du!

Bay Fogg'un Passepartout'yu geldiklerinin ertesi akşamı rahibe gönderdiğini hatırlıyorsunuzdur. Uşak hemen koşmuş, yirmi dakika rahibi bekledikten sonra alı al moru mor geri dönmüştü:

"Efendim, evlenmeniz... imkânsız?"

"İmkânsız mı?"

"Yarın... imkânsız. Çünkü yarın Pazar!"

"Nasıl olur, yarın Pazartesi değil mi?"

"Değil değil! Yanıldınız. Yirmi dört saat erken gelmişiz aslında... ama şimdi sadece on dakikamız kaldı!"

Bu sözler üzerine daha fazla düşünmeden apar topar bir arabaya atlayıp Reform Kulübü'ne gidilmiş ve tam zamanında yetişilmişti.

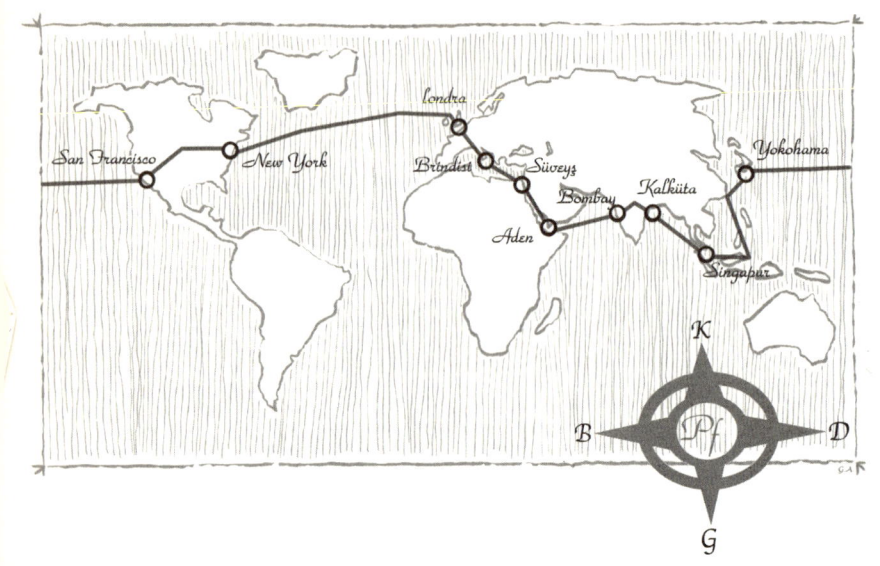

Phileas Fogg, Dünya turunu seksen günde tamamlamış ve yirmi bin sterlinlik bahsi de kazanmıştı!

Peki, bu dakik ve titiz adam bu hataya nasıl düşmüştü? 21 Aralık Cumartesi gecesi geldiğini sandığı hâlde, nasıl olup da 20 Aralık Cuma günü gelmişti? Yanıtı aslında çok basit: Phileas Fogg, Dünya turunu doğuya doğru giderek tamamladığından, yirmi dört saat kazanmıştı. Her meridyende dört dakika geriye gitmiş, üç yüz altmış çarpı dört, yani tam yirmi dört saatlik koca bir gün kazanmıştı.

Eğer Paspartout'nun –inatla Londra saatinde tutup, ayarlamadığı– saati dakikalar ve saatlerle birlikte günleri de gösteriyor olsaydı, bunu zaten fark etmiş olacaklardı!

Bay Fogg bu gezide on dokuz bin sterlin harcamıştı. Yani, bahisten kazandığı yirmi bin sterlinden eline bin sterlin kalıyordu ancak. Bunu da Fix'le Passepartout'ya bölüştürdü.

Prenses Auda'yla Bay Fogg'un nikâhı ise ancak iki gün sonra kıyılabildi.

Nikâhın ertesi günü, Passepartout sabahın köründe efendisinin kapısına dayandı. Bay Fogg'un kapıdan uzanan telaşsız başı:

"Ne oldu Passepartout?" diye sordu.

"Efendim, Dünya turunu yetmiş sekiz günde tamamlayabilirmişiz!"

"Kuşkusuz, eğer Hindistan'ı baştan başa geçmeseydik. Ama o zaman Prenses Auda'yı kurtarmamış olurdum, o da benim eşim olamazdı ve..."

Bay Fogg sakince kapattı kapıyı. Evet, trenler, gemiler, arabalar, kızaklar, hatta fil gibi her tür aracı kullanarak, bin bir zorluğu aşıp turu tamamlamış ve bahsi kazanmıştı ama eline ne geçmişti dersiniz?

Onu dünyanın en mutlu adamı hâline getiren çok hoş bir hanımla karşılaşmıştı!

Zaten insan başka ne için Dünya turuna çıkmak ister ki, öyle değil mi?

Jules Verne

(1828, Fransa – 1905, Fransa)

Fransız roman yazarı. Bir avukatın oğlu olan Verne, 1847 ile 1849 yılları arasında Paris'te hukuk okudu. Önce devlet memuru, ardından da Amiens'te Belediye Meclisi üyesi oldu. 1857'de Honorine de Vione'yle evlenen Verne, yaşamının bu döneminde sık sık İngiltere'ye gidip geldi. Bu, aynı zamanda başına her tür kazanın geldiği bir dönemdi; hayatının sonuna kadar topal kalmasına neden olacak deli yeğeni onu ayağından vurdu ve arka arkaya birçok yüz felci geçirdi. Yine de yaşamında olup biten güzel şeyler, hiçbir zaman içindeki umudu söndürmedi. İlk yazılı ürünleri arasında komedyalar ve librettolar vardı; dünya çapındaki ününün dayandığı bilim kurgu yapıtları ise hayatının daha geç bir dönemine denk gelir. Yaşamının en yaratıcı yıllarında arka arkaya yazdığı *Balonla Beş Hafta* (1863), *Dünya'nın Merkezine Yolculuk* (1864) ve

Ay'a Yolculuk (1865) yazarın aynı zamanda en çok tanınan yapıtları oldu. Yine de Jules Verne'i dünya çapında büyük bir isim yapan 1873'te yazdığı *80 Günde Dünya Gezisi* oldu. Jules Verne, bilimin ilerlemesinin insanlığın ilerlemesi demek olacağına sonsuz bir inanç besliyordu. Özellikle "yolculuk" kavramının yeniden şekillenmesi onu her zaman heyecanlandırıyordu. Buna karşın bilimsel ilerlemenin tehlikeler yaratabileceğini de görüyordu ve *Kaptan Grant'ın Çocukları* (1867), *Denizler Altında 20.000 Fersah* (1869) ve *Esrarlı Ada* (1874) bu kuşkulu bakış açısının açıkça görüldüğü yapıtlardan bazılarıdır.

Romanlarının kazandığı büyük başarı Jules Verne'i zengin bir adam yaptı. 1876'da aldığı büyük bir yatla Avrupa'nın çevresini dolaştı.

Sürükleyici ve eğlenceli anlatımıyla Jules Verne romanları, kuşaklar boyunca, küçükler için olduğu kadar büyükler için de bir okuma zevki olmuştur.

KISALTILMIŞ İŞ ÇOCUK KLASİKLERİ

- ALICE HARİKALAR DİYARINDA
  Lewis Carroll
- DENIZ KURDU
  Jack London
- DON KİŞOT'UN SERÜVENLERİ
  Miguel de Cervantes
- İŞTE ÖYLE HİKÂYELER
  Rudyard Kipling
- ÖMER SEYFETTİN'DEN SEÇME HİKÂYELER
  Ömer Seyfettin
- OZ BÜYÜCÜSÜ
  L. Frank Baum
- PETER PAN
  James Matthew Barrie
- ROBINSON CRUSOE
  Daniel Defoe
- SEKSEN GÜNDE DÜNYA TURU
  Jules Verne
- TOM SAWYER
  Mark Twain